OECD Educational Research and Innovation

OECD 教育研究与创新系列

Trends Shaping Education 2022

趋势塑造教育

经济合作与发展组织 编

杜海紫 译 窦卫霖 审校

上海教育出版社
SHANGHAI EDUCATIONAL
PUBLISHING HOUSE

经济合作与发展组织

经济合作与发展组织(Organisation for Economic Co-operation and Development, 简称OECD)是各国政府合作商讨应对经济、社会和环境全球化挑战的特别组织。OECD还是促进各国相互理解,帮助各国政府应对新局势、新问题的前线力量,例如企业管治、信息经济以及人口老龄化的挑战。该组织提供了一个平台,让各国政府能够相互比较政策经验,寻求共同问题的答案,共同确定良好实践,以及致力于协调国内和国际政策。

OECD成员国包括澳大利亚、奥地利、比利时、加拿大、智利、哥伦比亚、哥斯达黎加、捷克共和国、丹麦、爱沙尼亚、芬兰、法国、德国、希腊、匈牙利、冰岛、爱尔兰、以色列、意大利、日本、拉脱维亚、立陶宛、韩国、卢森堡、墨西哥、荷兰、新西兰、挪威、波兰、葡萄牙、斯洛伐克共和国、斯洛文尼亚、西班牙、瑞典、瑞士、土耳其、英国和美国。欧盟委员会参与OECD的工作。

OECD的出版物广泛传播该组织收集的统计数据,内容涉及经济、社会和环境问题的研究结果,以及其成员国达成一致的协议、指导方针和标准。

中文版序言

未来教育是什么样子的？以前，对于这样的宏大问题，恐怕只有政府关心，民众并不在意，因为大家认为未来还很遥远，未来教育与自己的当下生活甚至可见未来的决策并没有多大关系，人们对可见未来的判断和决策主要是根据过去的经验。但是，科学技术的迅猛发展，特别是人工智能的横空出世，颠覆了世界，也颠覆了人们的认知，现在，每个家庭和个人、每所学校都不得不关心未来教育的样态了。社会变化太快了，以至于一个人在接受十二年基础教育的过程中，教育的形式、内容、方式甚至走向都必然会发生变化，更不要说四年的高等教育了；不要说"一朝受教，终身受用"靠不住，就是进校门时学习的东西，出校门时很多就已经过时或更新了。在快速变化且充满不确定性的形势面前，我们不免常常有"停杯投箸不能食，拔剑四顾心茫然"的感叹。

全球趋势对教育系统的未来意味着什么？我们能做些什么？这是本书讨论和试图回答的问题。

经济合作与发展组织（OECD）长期致力于对未来的预测和规划研究，本书是其"趋势塑造教育"系列的第六版。该系列旨在促进对教育的长期战略思考。本书概述了关键的经济、社会、人口和技术趋势，并提出了其对教育影响的相关问题。本书包含25个趋势领域，这些趋势领域构成以下五章：经济增长；生活与工作；知识与权力；身份与归属；不断变化的自然。每章都以聚焦新冠疫情带来的混乱开篇，继之以趋势及其对教育的潜在影响，并以10—15年后的中期未来设想结尾。

第一章"经济增长"展现了经济增长在使全球数百万人摆脱贫困的同时，社会经济的不平等却在不断扩大，自然资源的不可持续利用给环境带来越来越大的压力。

第二章"生活与工作"分析了现在人们的工作时间稳步减少，弹性工作日益兴起，兼职和远程办公日益普遍，数字技术为人际交往、个人生活管理提供了越来越多的支持。家庭结构持续演变，性别平等的步伐继续向前。然而，社区安全却受到越来越大的挑战，平价住房更难获得。

第三章探讨知识与权力。这是本版最新增加的内容，所关心的是在铺天盖地的信息面前，如何识别真假；在人工智能信息处理技术面前，如何不踩坑；以前学习靠自己，现在信息环境大大丰富，人与人之间如何互动，为学习赋能。

第四章"身份与归属"也是本版新增的内容。在信息社会，每个人的身份更加多样，也更加频繁地变化，在芸芸众生、万千世界，在虚拟世界崛起的情况下，如何守护个人的价值和尊严？

第五章为"不断变化的自然"。发展无止境，开发无止境，可是地球的承载能力有限，人类如何在创新和进步、技术的可能性以及我们的社会和全球需求之间找到平衡？如何保持地球的生态？如何让身体、认知和情感得到持续发展，提升人的生命质量？

这些内容必然会激发人们去思考。在全球化趋势的背景下审视教育的未来,可以帮助我们增强以下几方面的自觉性,提高理论思维水平。

首先,教育有必要为经济、社会和技术领域正在发生的变革做更好的准备。教育必须不断发展,担负其促进个人成为人、公民和专业人士的使命。

其次,趋势塑造教育,教育也塑造趋势。教育可以提供现代社会运行所需的能力,从而有可能影响不同群体特别是最弱势群体的生活状况。教育有助于对抗社会日益严重的分裂,帮助人们理解所处社群的变化。

再次,个人亦是如此。虽然我们难以预测趋势,但可以影响趋势。例如,父母和同龄人的一小步努力,就会影响学校的网络欺凌率;包括政府和家委会在内的多方参与者如果采取更广泛的协同行动,就可以改变网络欺凌的政策和监管框架。

最后,在走向未来的趋势中,我们每个个体既是被动的,也是主动的。认清大趋势可以帮助我们进行个人选择,未雨绸缪,更重要的是,对我们建立变化的思维意识、培养批判性思维习惯等大有助益。

华东师范大学终身教授

上海智能教育研究院名誉院长

袁振国

2024 年 2 月

前　言

新冠疫情提醒我们，即使拟定了最完美的计划，未来也总会出乎我们的意料。面对新冠病毒的全球性蔓延，学校匆忙封闭，转至线上教学，这是面对危机的自然反应。无数事例表明，即使在最偏远的地区，人们也在竭尽全力保障教育的持续开展。

但这也是一种警告。随着新冠疫情逐渐淡出人们的视野，未来我们只会面临更多的冲击和意外——不论是因为频繁多发的极端天气、层出不穷的毁灭性技术，还是因为包括新型流行病在内的其他来源。为可预见和不可预见的未来做准备不再是可有可无的"锦上添花"。它促使我们立即行动，前瞻教育系统的未来，并对潜在的冲击进行压力测试。

本书是经济合作与发展组织（OECD）"趋势塑造教育"系列的第六版，该系列旨在促进对教育的长期战略思考。本书概述了关键的经济、社会、人口和技术趋势，并提出了其对教育影响的相关问题。教育领域的决策者和从业者对与他们有关的大趋势的认识往往不够全面，或者仅为道听途说；他们面前往往没有确凿的事实，特别是关于趋势的事实，本书无疑可以满足他们的重要需求。

该系列第一版发行于2008年。本版新增了关于"知识与权力""身份与归属""不断变化的自然"等章。每章都以聚焦新冠疫情带来的混乱开篇，继之以趋势及其对教育的潜在影响，并以10—15年后的中期未来设想结尾，这种设想与"OECD关于学校教育未来的图景"（OECD Scenarios for the Futures of Schooling）相关联，提出了可能扰乱我们的规划乃至趋势本身的冲击和意外。与上一版（2019版）一样，数字技术方面的内容将贯穿所有章节，正如数字技术现在已经完全融入我们的日常生活。

我们需要合作才能识别和汇编主题如此迥异的相关趋势和数据，许多人和机构为本书提供了极其有益的支持和建议。感谢弗拉芒教育部（the Flemish Ministry of Education）从始至终对这项工作的支持；感谢在系列线上会议中付出宝贵时间并提出深刻见解的跨学科专家：阿恩斯坦·阿斯韦（Arnstein Aassve）、米奎尔·安杰尔·阿莱格里（Miquel Angel Alegre）、比阿特丽斯·阿瓦洛斯（Beatrice Avalos）、杰罗恩·巴克斯（Jeroen Backs）、弗朗西斯科·贝纳维德斯（Francisco Benavides）、马吕斯·布塞梅尔（Marius Busemeyer）、奎拉尔特·卡萨达-蒙塞奇（Queralt Capsada-Munsech）、埃利安娜·查米佐（Eliana Chamizo）、郑凯明（Kai-ming Cheng）、安德烈亚斯·达默茨（Andreas Dammertz）、卡特琳·芬克瑙尔（Catrin Finkenauer）、鲁比尼·格罗帕斯（Roubini Gropas）、马丁·亨利（Martin Henry）、托米·希姆伯格（Tommi Himberg）、伊迪丝·胡奇（Edith Hooge）、马西耶·贾库博夫斯基（Maciej Jacubowski）、西夫·林德斯特罗姆（Siv Lindstrøm）、塔蒂亚娜·马蒂森（Tatiana Matthiesen）、拉亚·穆塔拉克（Raya Muttarak）、艾米·奥尔本（Amy Orben）、阿努·雷洛（Anu Realo）、多米尼克·雷格斯特（Dominic Regester）、克劳迪娅·萨里科（Claudia Sarrico）、塞巴斯蒂安·萨特勒（Sebastian Sattler）、汤姆·舒勒（Tom Schuller）、塞西莉亚·塔科利（Cecilia Tacoli）、克劳斯·泰克曼（Klaus Teichmann）、亨诺·泰森斯（Henno

Theisens）、德克·范达默（Dirk Van Damme）、马尔滕·沃伦布鲁克（Maarten Vollenbroek）、克里斯汀·韦瑟比（Kristen Weatherby）、马拉克·扎卢克（Malak Zaalouk）和艾娜拉·祖比拉加（Ainara Zubillaga）。

感谢以下OECD各司、部门和伙伴机构：技能中心（Centre for Skills），发展司，经济司，就业、劳工与社会事务司（Employment, Labour, and Social Affairs Directorate），环境司，公共治理司（Public Governance Directorate），科学、技术和创新司（Science, Technology, and Innovation Directorate），贸易与农业司（Trade and Agriculture Directorate），国际能源署（the International Energy Agency），秘书长前瞻部门（the Secretary-General's Foresight Unit），福祉、包容性、可持续性和平等机会中心（the Centre for Well-Being, Inclusion, Sustainability and Equal Opportunity）。感谢他们慷慨地分享专业知识，也感谢各位同事付出的时间和提出的建议。

感谢教育与技能司（Education and Skills Directorate）众多成员贡献的专业分析、想法和新视角。他们的时间和协助对我们来说十分宝贵。我们还要感谢主任安德烈亚斯·施莱歇尔（Andreas Schleicher）以及教育研究与创新中心（Centre for Education and Innovation, CERI）负责人蒂亚·卢科拉（Tia Loukkola）对草案的评论。此外，教育研究与创新中心管理委员会（The CERI Governing Board）在整个过程中给予鼓励，提出了意见和反馈，感谢他们的指导。

在教育研究与创新中心，本书由特蕾西·伯恩斯（Tracey Burns）、马克·福斯特（Marc Fuster）、玛塔·贝尔坦泽蒂（Marta Bertanzetti）、伊莱达·塔基尔（Ilayda Takil）、凯瑟琳娜·格雷斯−赖特（Catharina Gress-Wright）和迪维亚·夏尔马（Divya Sharma）撰写，鹤羽绘里（Eri Tsuruha）协助。感谢莱奥诺拉·林奇−斯坦（Leonora Lynch-Stein）、索菲·利摩日（Sophie Limoges）和德拉·申（Della Shin）为出版的后期准备工作做出贡献。

目　录

图 目 录

纲　　要

在世界范围内,经济增长的必要性与地球资源的有限性之间的矛盾日益显著,少部分人的财富累积与大部分人的福祉之间的矛盾和问题也日益突出。不断变革的技术可能无法缓解紧迫的社会需求,尽管人们看似被紧密连接在一起,但许多人仍感到孤单和无助。

面对这些错综复杂的挑战,人们通常提议以更好的教育来应对。以经济、政治社会和技术的主要趋势为背景来审视教育的未来,对于教育支持个人发展成为人、公民和专业人士是必要的。世界不但复杂,而且瞬息万变,我们可能需要重新思考正式学习和非正式学习之间的关系,并重新构想教育内容和教学方式。在一个日益数字化的世界,这些趋势相互交织,不断发展,可能会影响知识和学习的本质。

思考教育的未来并不意味着简单地将问题推到未来。相反,负责任的决策会把未来的发展转化为当下的学习与准备。本书旨在挑战、启发读者,最重要的是,鼓励读者思考:"全球趋势对教育系统的未来意味着什么? 我们能做些什么?"

本书包含什么内容？

本书探讨了影响教育未来的大趋势，范围是从幼儿早期学习到终身学习。每章首先概括新冠疫情的影响，然后讨论趋势及其对教育的影响。

第一章"经济增长"展现了经济增长如何使全球数百万人摆脱贫困，如何提高生活水平。尽管富裕程度不断提高，但社会经济不平等仍在不断扩大，资源的不可持续利用给环境带来压力。我们正越来越多地在地球之外寻找新的经济机会，但诸如人口迅速老龄化等压力日益增加，需要我们重新思考经济增长模式，以协调共同繁荣和可持续生活之间的平衡。

传统意义上，教育通过促进社会流动和培养个人参与经济的能力来促进经济增长。对于所有公民，无论年龄大小，高质量的终身教育和全方位教育的供给，是提升和再培训他们为社会做贡献所需技能的关键。提高环保意识，培养可持续未来所需的技术和批判性思维技能也至关重要，无论是在地球上还是在地球之外。

为了协调发展和稳定，我们也需要改变工作和私人生活。第二章"生活与工作"，强调了与一个世纪前相比，我们的工作时间稳步减少，弹性工作日益兴起，比如兼职或远程办公。从追踪我们的日常步数到管理我们的约会，数字技术为我们管理私人生活提供了越来越多的助力。家庭结构持续演变，迈向性别平等的步伐虽缓慢，但稳定。然而，保障社区安全和平价住房仍然是挑战。

教育可以帮助建立关怀所有成员的社区，提供在其他地方可能无法获得的支持。稳健的终身学习体系可以为未来工作培养所需的适应能力和复原能力。但这些趋势也暴露了一些问题：除却工作，教育为生活做了哪些准备？除却正规教育，教育如何推动持续学习？教育系统如何更好地对待校外学习的内容，并在此基础上更上一层楼？

在这种不断变化的背景下，第三章探讨知识与权力。数字技术可以提供几乎无穷的数据和无尽的信息，为决策和解决问题提供新颖强大的手段。然而，新的问题也出现了，例如，如何在快速变化的环境中处理大量有时是虚假的有时是误导性的信息？如何最大限度地调动集体智慧？当前，越来越多的信息和知识伴随着更大的不确定性。有效管理知识对个人和集体都至关重要。

促进相关研究，扩大有效创新，是提高教育质量的关键。但是，正如强大的算法引发人们对相关道德问题、透明度问题和问责制度问题的关注一样，易于访问的信息世界也带来了一些基本问题，例如：我们如何支持所有个人不但能访问信息，而且在拥有信息时知道如何处理信息？我们能否发展更具包容性的治理，提高信息证据的使用和质量，增强公众的信任？

第四章"身份与归属"探讨理解我们是谁以及我们的归属的重要性。在全球化和数字化的世界，个性和选择对我们的生活越来越重要。在许多国家，像宗教和国家这样的传统约束力量正在减弱。虚拟世界让人们得以以全新的方式探索身份，给予个人和群体更大的发言权，并催生了新的归属形式。然而，社会依然变得更加支离破碎，各种各样的弊端和歧视仍然没有改变。

教育必须满足不同学习者的需求，同时为21世纪培养学习者的全球竞争力。教育可以帮助个人社会化，形成共同的规范和价值观，同时使个体获得追求学习和幸福所需的积极的身份认同和自主能力。识别、减少歧视和劣势是确保所有人都能接受、适应和负担得起教育的关键第一步。

疫情导致社会封锁和社会隔离，这迫使我们反思我们与他人、与自然以及与自己的关系。从食品生产、饮食、数字通信到面对面的关系，第五章"我们不断变化的自然"强调影响人类福祉的相互交织的社会过程和环境过程。我们必须在创新和进步、技术的可能性以及我们的社会和全球需求之间找到新的平衡。应对气候变化成为当务之急，在身体、认知和情感增强方面的持续进展，激发人们对生而为人的意义的进一步思考。

教育有助于培育灵魂、锻炼体魄，促进我们思考人与人之间、人与自然世界之间的良好关系。考虑到个人、集体和全球福祉，教育是帮助我们通过新兴的社会和道德挑战进行思考的关键。

未雨绸缪

将全球趋势与教育联系起来，是拓宽我们的视野并为决策提供依据的一种手段。未来思维意味着既考虑现有趋势的复杂演变，又关注潜在的发展和冲击。因此，本书将趋势与"OECD关于学校教育未来的图景"[①]联系起来，促使读者为意外做好准备。有一点至关重要：正如新冠疫情提醒我们的，未来可以出乎我们的意料，也将会出乎我们的意料！

---

① 有关OECD关于学校教育未来图景的详细阐述，可参见《回到教育的未来：OECD关于学校教育的四种图景》（上海教育出版社2022年3月出版）。——译者注

全球趋势与教育的未来

未来十年的气候变化将对教育机构产生什么影响？我们的研究和创新系统是否为全球化的、开放的、互联网密集型的科学时代做好了准备？我们的社会变得更加个性化和多样化了，这对学校意味着什么？

什么是"趋势塑造教育"？

"趋势塑造教育"旨在支持教育中的长期战略思维。它概述了主要的经济、社会、人口和技术趋势，并就其对教育的影响提出了相关问题。

在全球化趋势的背景下审视教育的未来有两个主要目标。首先，教育有必要为经济、社会和技术领域正在发生的变革做更好的准备。教育必须不断发展，以继续履行其支持个人成为人、公民和专业人士的使命。更好地了解世界在如何改变，是朝着这个方向迈出的关键第一步。

其次，观察当前趋势有助于我们反思教育塑造趋势的潜力。教育可以提供现代社会运作所需的能力，从而有可能影响最弱势群体的生活状况。教育有助于对抗社会日益严重的分裂，助力人们理解所处社群的变化。

"趋势塑造教育"系列第一版于2008年出版,后续4个版本分别于2010年、2013年、2016年和2019年出版。本版于2022年出版,包含25个趋势领域,每个领域用两张图表示。这些趋势领域构成以下五章:经济增长;生活与工作;知识与权力;身份与归属;不断变化的自然。

虽然书中包含的所有趋势都与教育相关,但并非所有相关趋势都被收录在书中。选择趋势的标准是:是否具有国际可对比性,是否拥有来自OECD或者其他的可靠数据以及经过时间检验的证据。本书的研究数据主要来自OECD成员国,其他可获得的全球数据也被收录。虽然优先考虑涵盖长期趋势,但在某些情况下,所描绘的是较短时间的变化趋势,例如快速变化的技术趋势。

本书没有提供结论性答案:它不是一份分析报告,也不是一份统计简编,当然也不是OECD关于这些发展趋势的政策声明。尽管趋势强劲,但本书提出的教育问题仍是说明性和启发性的。

"趋势塑造教育"系列面向政策制定者、研究人员、教育领导者、行政人员和教师,也将引起学生和包括家长在内的广大公众的关注。我们邀请读者进一步了解并在报告中添加有关他们自己国家或地区趋势的例子。重要的是,未来总是在酝酿之中。因此,我们邀请读者考虑这一系列趋势以及它们未来可能发展的不同方式。

趋势与未来思维

人们对历史发展的看法是不同的,即使达成一致,未来也不只是过去模式的平稳延续。此外,我们事先并不知晓哪些趋势在什么背景下会延续,哪些趋势会改变方向。因此,有时候我们的想法可能是完全错误的。

> 电视不会持久,因为人们很快就会厌倦每天晚上盯着一个胶合板盒子看。
>
> ——达里尔·扎努克(Darryl Zanuck),电影制片人,1946年

同样,我们不能保证过去很重要或现在看起来很重要的趋势,将来依然重要;目前不明朗的新兴趋势,在未来可能变得至关重要。

> 远程购物虽然完全可行,但最终会失败。
>
> ——《时代杂志》(*Time Magazine*),1966年

在尚未掌握任何关于未来的具体事实或证据的情况下,对话是有效理解未来的唯一方法。我们不能被动地观察未来,必须积极讨论未来,才能从中学习,进而识别和商定当今的行动。

相关性、速度和影响

"趋势塑造教育"系列旨在为思考教育的长期战略性未来提供灵感。作为战略规划活动的一部分,它已被用于各部委、国际组织、专业组织和学生组织以及其他民间社会团体。它已被整合到教师教育课程中,被教师用于课堂教学,也被学校董事会和家长们用来训练未来思维。

当本书被用作工具并适用于用户的特定情境时,它最大的价值会得到彰显。为了实现这一点,关键问题包括:

这种趋势与我们所处的环境相关吗？

环境很重要。例如，较之城市，人口老龄化对于农村可能是一个更大的挑战。人口老龄化可能集中在某个国家的某些地区，或者在某个城市的某些区域。大多数趋势的影响将取决于地理、历史、政治或文化环境。

趋势的速度和影响如何？

有一些趋势发展缓慢（例如，过去100年间全球气温上升了约0.8℃），另一些趋势则发展迅速［例如，脸书（Facebook）的活跃用户数量在8年内从0增至10亿］。缓慢的趋势让我们有更多时间思考它们意味着什么及应对措施，但它们也可能难以改变。例如，气候变化可能是缓慢的，但它的潜在影响是巨大的，可能会威胁到地球上的生命。

我们能影响趋势吗？

虽然我们难以预测趋势，但可以影响趋势。例如，父母和同龄人的一小步努力可能会影响学校的网络欺凌率。如果包括学校董事会和政府在内的多方参与者采取更广泛的协同行动，就可以改变网络欺凌政策和监管框架。所有这些因素对于抑制这种有害趋势的流行都很重要。

我们可以应对这些趋势吗？

灵活应对不可预见的趋势十分重要。例如，应急处理城市极端天气的计划将涵盖各种场景，在发生重大危机时不一定会派上用场。但关键是，即使在不可预见的情况下，也要保持灵活性，具备响应能力。

是否还有其他趋势需要考虑?

简言之,是。本书中的趋势是我们这个不断变化的世界的快照。为了实用,本书篇幅简短,当然还有其他同样重要的趋势需要考虑。"趋势塑造教育"系列已经出版的五版都展示了仍然相关的互补趋势,我们鼓励对本系列感兴趣的读者探索这些趋势。温馨提示:如果你对民主和老龄化感兴趣,请查看2019版;如果对城市和生物技术感兴趣,请参阅2016版;如果对技能和福祉感兴趣,2013版有专门章节。

未来总是出人意料:从趋势分析到图景使用

我们对未来的大部分思考都是线性的,都是基于当前存在的趋势的延续。但并非所有趋势都是生而平等的。一些趋势,例如与人口增长或气候变化有关的趋势,易被纳入长期规划。其他一些趋势可预测性较差,例如技术趋势或青年文化趋势。趋势会减慢、加速、转向或突破。正如新冠疫情给我们的警示,不可预见的事件甚至会破坏长期趋势。

与以前的版本不同,本版加入了两个新元素:

- 强调新冠疫情已经以不可预料的方式打乱了全球趋势。本书每章都专设一小部分内容讨论新冠疫情的影响。
- 将每章的主题与一个小型图景练习联系起来,激发读者思考未来与我们当前的预期可能存在的不同。

连接到四种 "OECD 关于学校教育未来的图景"

面对瞬息万变的趋势和意外，使用图景可以让我们探索多种多样未来的含义。四种 "OECD 关于学校教育未来的图景" 构建的时间框架为15—20年，这一时长足以超越当前的政治周期，推动重大变化的发生，但对未来主义者和梦想家以外的人而言，又不会显得太遥远。

本纲要最后两页详细阐述了四种不同的未来，围绕四个共同的设计原则构建：(1) 目标与功能；(2) 组织与结构；(3) 师资队伍；(4) 治理与地缘政治。我们诚邀读者使用这些图景并完成每章末尾相应的思考题，以结构化的方式探索不同的未来——当然，这也适用于其他教育层次及其机构。

针对未来的思考旨在促进反思和讨论。最重要的是，我们希望使用这份报告的不同用户会提出以下问题："这种趋势对我的工作可能意味着什么？我们是否为不同的图景做好了准备？"或者更进一步："这些趋势和图景如何结合起来，重新定义我做出决策的环境？"这些可以帮助衡量我们对不同可能的未来的准备情况，敦促我们现在就开始准备。

图景1 学校教育扩展

 目标与功能

学历、看护、资格认证、社会化
- 正规教育的参与度继续扩大。学业证书仍然是个人取得经济和社会成功的主要途径。
- 由于各国采用通用课程和评估工具，学校课程脱颖而出。

 组织与结构

空间、内容、时间、关系
- 国际公私合作伙伴关系推动数字学习环境的发展。学习资源和数据实现跨国共享。
- 尽管存在创新空间，但学校里的教学组织和师生互动基本保持不变。

 师资队伍

专业地位、任务、认证
- 更加个性化的学习会改变教师工作的性质，从而影响教师的教育和专业发展。
- 现在，得益于更大的规模经济，学校网络中任务分工更明显，专业资历更加多样化。

治理与地缘政治

参与者、权力关系、参与
- 传统公共管理部门发挥重要作用。
- 伙伴关系和国际协作更受重视。

图景2 教育外包

 目标与功能

学历、看护、资格认证、社会化
- 在更多家长参与的驱动下，各种形式的私人倡议和基于社区的倡议逐渐成为学校教育的替代方案。
- 对教育服务购买者以及诸如雇主等为不同的学习途径赋予市场价值的人来说，他们的选择至关重要。

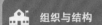 **组织与结构**

空间、内容、时间、关系
- 随着教育外包的扩展，传统的官僚治理和全系统问责制被削弱。
- 学习计划(时长、范围、成本等)的更多选择，为学习者提供了灵活的学习节奏。

 师资队伍

专业地位、任务、认证
- 学校的教学资料和工作安排更加多样化，这对教师的专业和声誉地位也有影响。
- 学习网络(例如大型数字学习平台)根据需求将不同的人力资源整合在一起。

治理与地缘政治

参与者、权力关系、参与
- 更加依赖社会自组织。
- 学校教育系统成为更广泛的(地方的、国家的、国际的)市场的参与者。

图景3　学校作为学习中心

目标与功能

学历、看护、资格认证、社会化
- 学校保留了大多数功能，但新的能力认证体系将学校和教育从文凭主义的压力中解放了出来。
- 体系不再基于统一性建立：地方参与者提出自己的倡议以实现他们认为重要的价值。

组织与结构

空间、内容、时间、关系
- 教育的实验性和多样性是常态。在协作工作的框架内，个性化途径得到加强。
- 在更广泛的学习生态系统的背景下规划活动，在互联的教育空间网络中创造机会。

师资队伍

专业地位、任务、认证
- 知识渊博、网络化的教师与提供各种技能和专业知识的各类个人和机构参与者共存。
- 强大的伙伴关系利用博物馆、图书馆、居民中心、技术中心等外部机构的资源。

治理与地缘政治

参与者、权力关系、参与
- 高度重视地方层面的决策。
- 各种伙伴关系中的自组织单位。

图景4　无边界学习

目标与功能

学历、看护、资格认证、社会化
- 数字化使人们能够以一种深入且几乎即时的方式评估和认证知识、技能和态度。
- "免费"的学习机会随处可见，标志着既定课程结构的衰退和学校系统的瓦解。

组织与结构

空间、内容、时间、关系
- 教育以数字技术和人工智能为基础，利用集体智慧解决现实生活中的问题。
- 废除学校教育体系并改变其基础设施的用途。教育、工作和闲暇之间的界限变得模糊。

师资队伍

专业地位、任务、认证
- 很难想象政府在市场和公民社会中扮演的角色。数据所有权及地缘政治影响至关重要。
- 随着个人成为学习活动的"专业消费者"，传统的教学专业人员将不复存在。

治理与地缘政治

参与者、权力关系、参与
- 公共教育的去机构化与学校教育的瓦解。
- 数据和数字技术的(全球)治理可能是关键。

第4章

经 济 增 长

经济增长提高了许多人的生活水平，但社会和环境的可持续性仍然是一个挑战。教育可以培养人们对不断变化的全球经济的适应能力，鼓励人们思考想要建立的未来类型。本章将通过以下五个主题来探讨这些问题。

➢ **日益繁荣**：强调经济增长如何提高生活水平并减少极端贫困。

➢ **新的增长点**：呈现经济增长的新动力：无形资产投资。

➢ **人口压力**：研究人口老龄化带给财政可持续性和社会可持续性的压力。

➢ **增长的变革**：对比可再生能源的转向与能耗的增加以及对化石燃料的依赖。

➢ **超越无限**：说明不断增长的太空经济潜在的益处和挑战。

这些趋势通过一系列问题和情景与教育及其未来建立联系。本书也讨论了新冠疫情近期和长期潜在的影响。

本章概述及新冠疫情的影响

全球经济增长使数百万人摆脱了贫困,提高了世界各国人民的生活水平。尽管富裕程度不断提高,但社会经济不平等仍在不断扩大。产品和服务的生产与消费不断增加,导致能源需求的增长,而对自然和人造资源不可持续的使用正在给我们的环境带来压力。我们在探索星空、寻求新的经济机会的同时,将地球上的生命引导到社会和环境可持续发展的道路上这一任务也变得日益紧迫。全球经济正不断发展,增强其多样性,为我们提供集体想象的空间——想象我们希望在其中成长的未来——教育是关键。

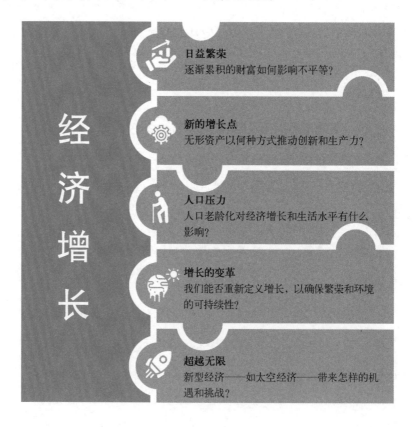

经济增长与新冠疫情

新冠疫情提醒我们，即使拟定了最完美的计划，未来也总会出乎我们的意料。趋势可以加速、转向或者突破。随着疫情冲击的消退，围绕这些转变的长期影响，一些悬而未决的重要问题浮出水面。

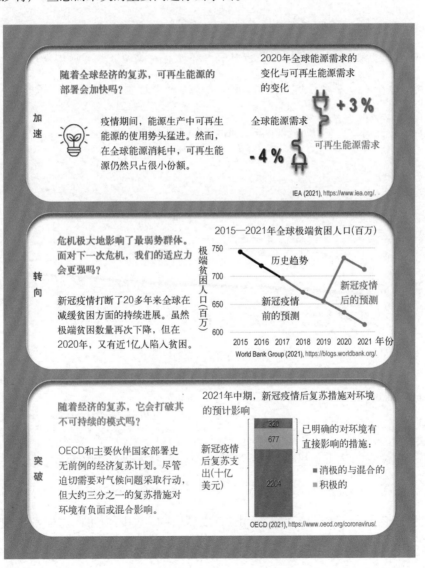

日益繁荣

50多年来，在世界范围内，特别是在OECD成员国，富裕程度不断提高。全球经济一体化和技术进步使得极端贫困急剧减少，也促进了物质福利的改善。然而，并不是所有人都平等地从中受益。不平等一直在扩大，全球范围内的财富增长掩盖了国家之间和国家内部现有的鸿沟。教育通过促进社会流动，培养个人参与经济所需能力，既能有益于社会进步，又能有益于经济发展。

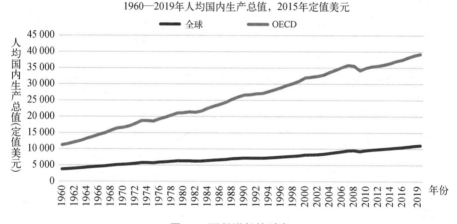

图1.1 不断增长的财富

来源：World Bank (2021), "GDP Per Capita (constant 2015 US$)" (indicator), https://data.worldbank.org/(accessed 15 June 2021).

StatLink 🔗 https://stat.link/dtacxn

在过去的几十年里，受国际贸易自由化和技术进步等的驱动，全世界的生活水平不断提高，世界经济显著增长。从1960年到2019年，全球人均国内生产总值翻了一番多，所有OECD成员国的人均国内生产总值都出现了长期增长。近几十年来，这些促进经济增长的驱动力也通过创造就业机会、提高整体工资水平和降低商品价格，帮助减少了极端贫困。虽然1820年生活在极端贫困中的绝对人口（7.57亿）与2018年的（7.64亿）相似，但考虑到世界人口的指数级增长，在过去两个世纪，生活在极端贫困中的人口比例从76%下降到10%。

然而，全球范围内的财富增长掩盖了国家之间和国家内部的不平等。各国之间仍然存在相当大的人均收入差距。2019年，OECD成员国的人均国内生产总值约为39 307美元，是世界平均水平11 057美元的三倍多。此外，近几十年来，在许多国家，因为经济增长的收益越来越集中在少数人手中，所以国家内部收入不平等现象也在加剧。

这些趋势很重要：收入不平等现象严重，且不断加剧，减少了贫困社会

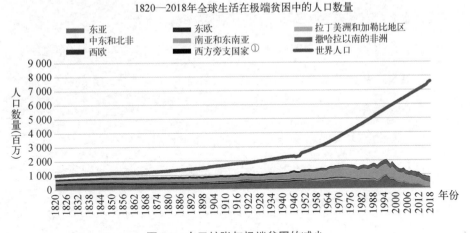

1820—2018年全球生活在极端贫困中的人口数量

图1.2　人口扩张与极端贫困的减少

注：撒哈拉以南非洲国家极端贫困人口的数据从1950年开始算起。

来源：Moatsos M. (2021), "Global Extreme Poverty: Past and Present", in OECD (2021), *How Was Life? Volume II: New Perspectives on Well-being and Global Inequality since 1820*, OECD Publishing, Paris, https:// doi.org/10.1787/3d96efc5-en.

StatLink ▇▇▇ https://stat.link/fiwm3u

① "西方旁支国家"（Western Offshoots）通常指美国、加拿大、澳大利亚和新西兰四国。——译者注

经济背景学生的教育机会,降低了社会流动性,阻碍了技能发展。所有这些都减弱了国家促进和维持强劲经济增长的能力。发展高质量和公平的教育体系是对未来的投资。事实上,教育具有独特的力量,可以直接解决这些影响社会不平等的根源性问题。从早期学习和看护到成人教育,教育促进经济发展和社会进步,支持公民发展,并有助于社会中生活机会的平均分配。

对教育的启示

- 教育有助于培养个人参与社会和经济所需的技能。是否有空间让我们集体想象这些技能可能是什么?中小学和大学等教育机构是否允许教育利益相关者反思他们想要共同建设的未来?

- 教育战略投资有助于减少不平等。如何分配教育资源以最好地服务于最需要的人?弱势学生能否获得经济支持以接受非义务教育(包括非正规教育)?

- 教育机构是社区关键的支柱机构。它们如何做才能尽其所能促进当地社会和经济的可持续发展,推动环境的发展?需要采用哪些教学方法、伙伴关系和采购政策才能有所作为?

新的增长点

近几十年,投资对象开始从机械和建筑等传统有形资产转向无形资产。无形资产没有实体形式;它们是基于知识的资源,例如知识产权和数据。这种转向无形资产的势头依然良好，但它们的特质具有重大的经济和社会影响。例如，无形资产具有可扩展性，并呈现和彼此发展关系重大的协同效应趋势，这使得大量财富集中在少数无形的富有公司手中，进一步加剧了不平等。随着经济的转变，市场看重的技能也会发生变化。教育如何才能为适应未来的劳动力提供最佳支持？

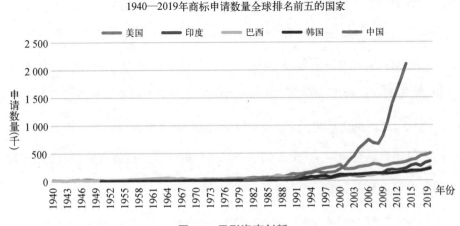

图1.3 无形资产创新

注：2015—2019年中国机构的数据缺失。

来源：WIPO (2020), *World Intellectual Property Indicators 2020*, World Intellectual Property Orgarization, Geneva, https://www.wipo.int/.

StatLink https://stat.link/8wyi5x

在过去40年里，无形资产投资逐渐增长。这项投资集中在数据、软件、技能、新的组织流程和知识产权等资产上，例如，属性设计和专利。商标也是无形资产，属知识产权。20世纪80年代以来，全球商标注册申请量一直在增加，尤其是巴西、中国、印度、韩国和美国，相关机构收到的商标申请数量位居世界前五。20世纪90年代中期以来，递交至美国相关机构的商标申请数量增加了一倍多，2019年达到近50万件。现在，中国在商标申请数量方面处于领先地位，2001年超过美国，1990—2014年，中国商标申请数量增加了3 000%以上。

知识产权和品牌战略等无形资产是当今经济的关键。例证之一是,与几十年前主导财富500强的传统公司的收入下降相比,少数科技公司的收入增长了。从2005年到2020年,亚马逊的收入增长了4 000%以上,而埃克森美孚的收入下降了约50%。

与有形资产不同,无形资产可以同时在多个地方重复使用。这种可扩展性有助于解释苹果、亚马逊和谷歌等公司如何在短短15年内如此迅速地增长,仅在2020年就创造了超过1 800亿美元的收入。然而,这些大公司(前沿企业)对无形资产的投资提高了市场集中度,通过扩大自身与其落后竞争对手(落后企业)之间的生产力差距,扼杀竞争,威胁长期增长和创新。随着无形资产的价值越来越高,在培养个人创新产品和业务流程的技能和软技能方面,教育的重要性将日益彰显。

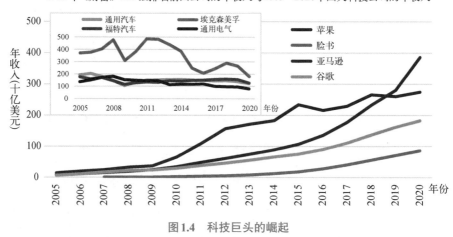

图1.4　科技巨头的崛起

来源: OECD (2019), *An Introduction to Online Platforms and Their Role in the Digital Transformation*, OECD Publishing, Paris, https://doi.org/10.1787/53e5f593-en;各公司年度报告; https://macrotrends.net.

StatLink 📊 https://stat.link/3svgmz

对教育的启示

- 参与日益无形的经济需要哪些能力？是产生新想法和生产新产品的能力吗？是组织和管理新的工作和生产方式的能力吗？

- 为满足以技术变革为特征的经济的快速发展需求，需要培养技术人才，这使得终身学习变得越来越必要。新技术在促进成人和职业中期教育和培训方面的作用是什么？

- 大型科技公司正在成为教育领域的重要参与者，尤其是通过提供数字教育平台和服务。这对教育治理有何影响？实现公共价值需要什么样的（公私）合作和领导？

人口压力

在 OECD 成员国中，老年人口正在不断增长，而生育率却在下降。虽然人口增长伴随着一系列挑战，但人口下降也是如此。养老金和医疗保健系统的需求，尤其是长期护理方面的需求，将加剧财政压力，引发人们对经济增长的担忧。我们如何确保社会和财政的可持续性，以应对这种持续的人口转变？将老年工作者纳入劳动力队伍，通过技术创新等手段提高劳动效率，这些举措具备抵消负面影响的潜能。在这种情况下，提供高质量的教育，以及在整个生命周期中重新分配学习机会，是解决问题的一个途径：技能提升、再就业技术培训和再培训可以培养所有公民为社会做贡献的能力，而不论公民的年龄。

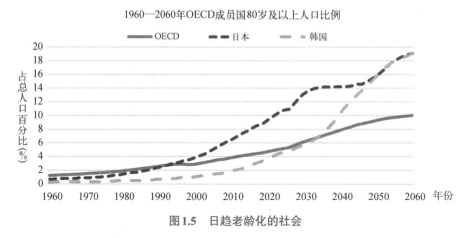

图1.5 日趋老龄化的社会

注：1960—2020年是历史数据，2021—2060年是预测数据。

来源：OECD (2021), "Population Age Structure", *Demographic References* (database), https:// stats.oecd.org/(accessed 25 June 2021); OECD (2021), "Population Projections", *Population Statistics* (database), https://stats.oecd.org/(accessed 25 June 2021).

StatLink https://stat.link/9wo57n

随着医疗保健和生活水平的不断提高，更大比例的世界人口将拥有更长的寿命。平均而言，OECD成员国80岁及以上人口比例预计将翻一番，从2020年的5%增加到2060年的10%以上。这引发了人们对财政和社会可持续性的担忧。由于养老金系统依靠劳动人口缴纳的费用来发放老年人的养老金，故劳动年龄人口比例的减少使这些系统面临压力。健康和社会保障，包括养老金，已经成为OECD成员国最大的社会支出领域，分别占整个地区国内生产总值的8%和13%。

随着社会的老龄化，养老金的支出预计将继续增加。此外，预计2015—2030年间，全球需要护理的老年人将增加1亿，这将进一步加剧如下挑战：招聘和再培训足够的长期护理人员，以满足不断增长的需求。

减轻公共财政压力的一个潜在方法是改革劳动力市场。例如，提高就业率，提高法定退休年龄，这可以帮助缓解公共预算的压力。提高劳动生产率也可以减轻人口老龄化的不良影响。研究与开发支出和高技能劳动力推动的技术创新可以成为提高生产率的推动力。教育和终身学习可能是让老年人加入劳动力大军的关键,也可能是培养人们参与工作的关键,这种工作能在劳动力减少的情况下维持国家生产力水平,维系国家的发展。

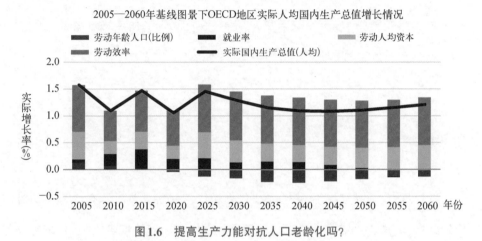

图1.6 提高生产力能对抗人口老龄化吗?

注:OECD基线预测(Baseline OECD Projections)是在不改变政策的前提下设计的,强调人口老龄化可能对生活水平的增长产生负面影响。然而,劳动生产率的提高可以帮助抵消这种影响,并促进人均国内生产总值的增长。

来源:OECD (2021), "The Long Game: Fiscal Outlooks to 2060 Underline Need for Structural Reform", *OECD Economic Policy Paper,* OECD Publishing, Paris, https://doi.org/10.1787/a112307e-en.

StatLink 📊 https://stat.link/4d8i1e

对教育的启示

- 生产力是维持生活水平提高的关键,但鼓励更高水平的正规教育是提高劳动力生产力的最佳方式吗?哪些因素是影响生产力的关键?教育如何加以适应,以更好地促进这些因素?

- 雇主招聘往往依赖于应聘者技能获得的传统标志(例如,学位、教育机构的声誉)。这种情况可能会改变吗? 如果可能,怎么改变? 这对教育(例如,更短的学业生涯? 传统学位课程的终结?)和社会意味着什么?

- 生育率下降将对教育等公共服务提出新的挑战。同时,它们可能提供哪些机会? 例如,较小的班级规模和/或较低的学生与教师比例? 年长的老年人重新融入教育的机会? 其他人呢?

增长的变革

纵观历史,人类已经能够通过独创力和技术创新来应对社会挑战。面对气候变化,我们再次经受考验。通过绿色技术进步和可持续实践,我们有可能

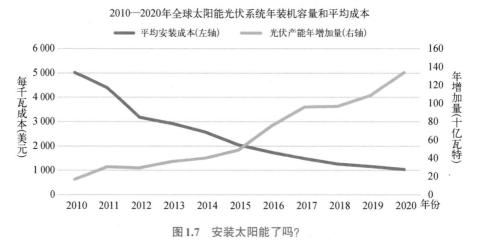

图1.7 安装太阳能了吗?

来源: IEA (2020), *Renewable Energy Market Update: Outlook for 2020 and 2021*, International Energy Agency, Paris; www.iea.org; IRENA (2021), *Renewable Power Generation: Costs in 2020*, International Energy Agency, Abu Dhabi, https://www.irena.org/.

StatLink ◫◫ https://stat.link/qnc4or

探索出一条经济增长的环境可持续路径。然而，有人质疑"绿色增长"是否真的能抵消我们日益增长的消费和垃圾产量。应对气候变化的压力日益紧迫，维护地球福祉及与之相关的生计显得格外重要。我们如何重新定义增长，以协调社会繁荣和环境的可持续性？教育能否培养人们建设可持续未来的必备能力，包括自主能力、合作能力，更好地理解现在与未来之间、世界不同地区之间以及不同人群之间的联系的能力？

在实现更可持续的经济发展模式中，可再生能源应发挥关键作用。随着可再生能源需求的显著增加和技术的改进，可再生能源的成本已经下降，尤其是太阳能光伏和风能。例如，自2010年以来，太阳能光伏系统的实际成本下降了近80%，同时，太阳能光伏系统年安装容量在2020年增至近135吉瓦。

这些日益"平民化"的技术的使用可以促进绿色增长。这种增长继而可以帮助缓解气候变化和减少空气污染，同时增加就业机会，提高整个能源系统的弹性。而只有加快可再生能源规模化，才能尽快实现全球净零排放，实现将全球平均气温上升控制在1.5℃以内的目标，到2050年实现有关净零排放的气候目标。

虽然可再生能源的可用性和可负担性有所增加，但石油和天然气等化石燃料的消耗量在全球最终能源消耗总量中的占比仍是最大的。2018年，石油消耗量占最终能源消耗总量的41%左右，天然气消耗量占16%。向可再生能源转变的速度并没有跟上全球能源需求增长的步伐，后者的驱动力包括不断增长的世界人口和消费模式。化石燃料继续以不可持续的速度燃烧，凸显了加速可再生能源增长的必要性，彰显了减少全球二氧化碳排放的重要性。

但是，过渡颇具挑战性；促进绿色转型的政策往往伴随着权衡取舍，例如，需要民众改变某些行为（例如，驾驶污染严重的汽车），污染行业就会减少就业岗位。通过促进"绿色技能"的发展,教育可以促进"更绿色"和更具包容性的经济的发展,以解决分配影响和技能差距。

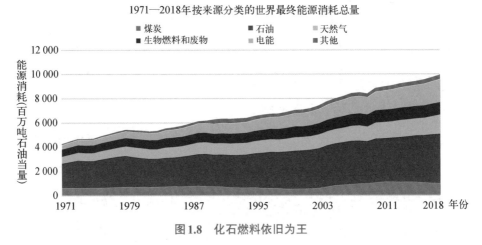

1971—2018年按来源分类的世界最终能源消耗总量

- ■ 煤炭　　　　■ 石油　　　　■ 天然气
- ■ 生物燃料和废物　■ 电能　　　■ 其他

图1.8　化石燃料依旧为王

注:"其他"包括热能、太阳热能和地热能。

来源: IEA (2020), *Key World Energy Statistics 2020*, https://www.iea.org/reports/key-world-energy-statistics-2020/(accessed 7 May 2021).

StatLink 🔢 https://stat.link/9t0s56

对教育的启示

- 技能短缺可能会阻碍"更绿色"经济的发展。有什么途径可以防止这种短缺?通过学徒制、职业教育培训和其他基于工作的学习形式?职业指导是否有帮助?在你们的系统中,是否有合适的项目支持当前工人和行业适应不断变化的标准和要求?

- 教育如何培养学生的环境意识并鼓励他们将这些知识转化为可持续的态度和行为(个人和集体)?

- 重新思考经济增长需要技术技能、创造性思维和批判性思维。如何调整课程和内容,以鼓励知识多样性并应对可持续增长的跨学科挑战?

超越无限

随着人类不断探索月球，将眼光瞄准新目标火星，人类的影响力甚至在外太空也在扩大。太空经济正在快速增长：随着轨道卫星数量的不断增加，太空采矿、星际居住和太空旅游等项目也在进行中。然而，所有这些活动都有一定的后果。越来越多卫星和火箭的残骸散落在地球轨道上，有可能与其他物体相撞，威胁着未来的太空任务和功能卫星。虽然技术进步能促进我们向太空扩张，但是创新也必须有助于确保发展和外太空探索的可持续性。因此，人类不断扩大视野的关键在于使个体具备合适的技能。

图1.9 天空中的"眼睛"

来源：摘自OECD (2019), *The Space Economy in Figures: How Spale Contributes to the Global Economy*, OECD Publishing Paris, https://doi.org/10.1787/c5996201-en.

StatLink ➡️ https://stat.link/0sn1fp

1957年，苏联将第一颗人造卫星"斯普特尼克1号"（Sputnik 1）发射到太空。此后，参与太空活动的国家数量急剧增加。例如，2008—2021年，已注册卫星的国家从50个增至87个。太空技术成本与难度的降低令太空卫星激增。

例如,低成本小型卫星技术实现了小卫星部署的指数级增长。

在这种情况下,越来越多的私营部门参与到太空经济中,以利用太空经济提供的巨大机会。例如,卫星与各种研究和商业机会相关,包括太空探索、气候研究、导航和电信,这些都在社会运作和经济发展中发挥着重要作用。卫星存档反映了未来几年发射新卫星的既有计划,它显示到2030年,可能有数万个运行物体在轨道上运行。

然而,太空活动也会产生太空垃圾。自1958年以来,太空垃圾的数量增加了近11 000倍。截至2021年初,轨道上有大约22 000件与垃圾有关的物体。高速移动的垃圾可能会威胁、破坏功能正常的卫星和航天器,也可能会干扰天气预报、气候研究和军事任务。这也可能会让社会付出代价,让偏远地区和农村因卫星连接中断而遭受更大的损失,因为卫星连接对于这些地区上网至关重要。技术创新对于清除太空垃圾和未来太空活动的可持续性至关重要。

同样重要的是,太空技术可以促进可持续的陆地增长。例如,它可以监

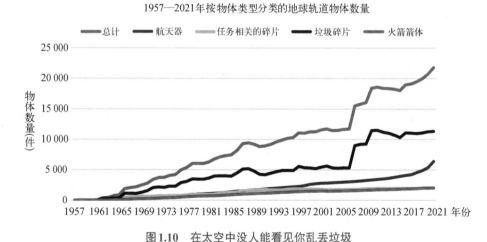

图1.10　在太空中没人能看见你乱丢垃圾

来源：NASA (2021), *Orbital Debris: Quarterly News*, https://orbitaldebris.jsc.nasa.gov/.

StatLink ᴍsᴸ https://stat.link/tyz7q2

测包括海平面、冰盖流动和空气污染在内的气候变化因素。然而,扩大该行业需要增加劳动力。教育将是解决太空部门技能短缺问题和培养创新者的关键。这些创新者可以通过太空技术在地球上、地球外及更远的地方促进可持续发展。

> **对教育的启示**
>
> - 通常来讲,为新兴工作做好人员准备,需要培训人员使用最先进的技术。教育机构是否有能力实现这一目标?如果没有,需要什么?是为学徒或项目建立新型伙伴关系吗?需要加大对数字培训、模拟器和虚拟现实的投资吗?非正规学习在这一过程中的作用是什么?
> - 在改善农村和偏远地区的连通性上,太空经济提供越来越多性价比高、无处不在且易于部署的解决方案。随着它们的发展,卫星能否在弥合数字鸿沟方面发挥更大的作用,确保从最小的孩子到最年长的老年人的所有学生都有足够的宽带速度和质量?
> - 空间科学是一门引人入胜的学科,颇能鼓舞人心,可以激发人们对科学、技术、工程和数学(STEM)等学科的兴趣。它能促进更广泛的跨学科学习吗?例如,学生能否为火星上的人类生活设计一部宪法(考虑到它可能会受到的许多限制)?

经济增长和教育的未来会如何?

趋势能让我们思考当前模式对未来可能意味着什么。但是,我们又该如何看待未来15—20年可能出现的新模式、新冲击和新惊喜呢?

本节以"OECD关于学校教育未来的图景"为基础,鼓励读者思考发展如何与教育联系起来,并以多种方式演变。以下两个小插曲描述了未来可能会发生的故事,读者也可以根据需要改编或创作新的故事。其后列出了一些关于教育的关键问题,以及一系列可能以意想不到的方式影响教育和学习的潜在冲击和意外。关于每个图景的描述,见本书第11—12页。

■ 图景1　　■ 图景2　　■ 图景3　　■ 图景4

本周,"7天24小时"的学校改革已经完成。"改革的核心理念有三,"该部门发言人弗朗西斯卡(Francesca)说,"质量,质量,质量。"地区网络中的学校组成小组或集团。每个网络管理一小部分训练有素和薪资优厚的教师,负责确定优质的学习资源,为所有学校设计课程。教学和评估主要通过数字技术进行,将面对面的课堂教学与其他动态活动相结合。学习夏尔巴人,在学校陪伴学习者,确保学生能始终专心致志,积极主动,适度参与虚拟课堂论坛。"1990年,我们第一次为该国所有儿童提供教育。"弗朗西斯卡说,"到2040年,我们将让他们每周7天、每天24小时都能接触到全国最好的教师。"

"这张照片中你和爸爸看上去很年轻。"玛尔塔(Marta)翻着父母的高中毕业年鉴低声说。她经常想,当每个人都有学校的时候,学习是什么感觉。"亲爱的,你可以稍后再看。尼施正在等我们。"玛尔塔的妈妈惊呼道。尼施(Nishi)是家庭人工智能系统,它基于欧歌(Oogle)的学习课程提供个性化培训。玛尔塔需要保持专注,因为她是该公司铂金奖学金的决赛选手之一。如果获得奖学金,她将第一次参加面对面课程。这类课程由欧歌的顶级教练任教。她将和所在国一些最富有的孩子一起上课,她甚至会像其父母一样获得一张班级照片。玛尔塔笑着说:"早上好,尼施。学习的一天多么美好啊!"

2040年，情况会截然不同

学历、社会化、看护和资格认证可能会随未来趋势的不同而有所不同。

到2040年，以下事物的变化可能会如何影响教育的目标和功能？

- 不平等；
- 气候变化和消费模式；
- 老龄化。

 对教育的期望是什么？

不断变化的价值观、科学和技术塑造了学习。

在2040年……

- 早年的教育和学习在多大程度上处于领先地位？
- 出现了哪些新内容(例如全球胜任力)？
- 气候变化会显著影响学校的校历和课程安排吗？

 如何处理空间、内容、时间与各种关系？

 谁来实施教育？在什么条件下实施教育？

 谁对什么负责？对谁负责？

到2040年……

- 教学活动和资料的多样性是否会增加？
- 教学是基于专业标准还是更加开放？
- 幼儿园、中小学和大学等教育机构是否仍以实体形式存在？

利益相关者对教育的看法不同，对决策的影响力也不同。在2040年……

- 政府、市场和公民社会的作用是什么？
- 决策是否透明？它是否具有包容性？
- 地缘政治环境以何种方式影响教育和学习的供给？

冲击和意外

即使我们拟定了最完美的计划，未来也总会出乎我们的意料。如果这些冲击成为现实，对教育和学习意味着什么？你能看出其他潜在干扰出现的迹象吗？

大规模停电

太阳黑子引发的极端天气事件和太阳风暴越来越频繁，这彻底摧毁了世界上大部分电网，造成数天甚至长达数周的停电。

福利经济

人类和地球福祉十分重要：我们已经根除了垃圾和污染，同时也消除了对所有人的物质剥削。

太空殖民

农业、采矿和食品生产不再局限于地球之内，竞争延伸到其他行星。太空军队是主要的投资对象——投资主体也不仅限于国家。

数字奴役

代币化的社交网络将所有数字活动货币化。这将带来更大的不平等(例如，有钱人越来越有钱)。

了 解 更 多

相关文献

- Bajgar, M., C. Criscuolo and J. Timmis (forthcoming), "Intangibles and Industry Concentration: Supersize Me", *OECD Science, Technology and Industry Working Papers*, OECD Publishing, Paris.

- Corrado, C., et al. (2021), "New Evidence on Intangibles, Diffusion and Productivity", *OECD Science, Technology and Industry Working Papers*, No. 2021/10, OECD Publishing, Paris, https://doi.org/10.1787/de0378f3-en.

- Guillemette, Y. and D. Turner (2021), "The Long Game: Fiscal Outlooks to 2060 Underline Need for Structural Reform", *OECD Economic Policy Papers*, No. 29, OECD Publishing, Paris, https://doi.org/10.1787/a112307e-en.

- Haskel, J. and S. Westlake (2018), *Capitalism without Capital*, Princeton University Press.

- Undseth, M., C. Jolly and M. Olivari (2020), "Space Sustainability: The Economics of Space Debris in Perspective", *OECD Science, Technology and Industry Policy Papers*, No. 87, OECD Publishing, Paris, https://doi.org/10.1787/a339de43-en.

- IEA (2020), *Renewable Energy Market Update: Outlook for 2020 and 2021*, International Energy Agency, Paris, www.iea.org.

- IEA (2020), *Key World Energy Statistics 2020*, https://www.iea.org/reports/key-world-energy-statistics-2020/(accessed 7 May 2021).

- IRENA (2021), *Renewable Power Generation: Costs in 2020*, International Renewable Energy Agency, Abu Dhabi, https://www.irena.org/.

- NASA (2021), *Orbital Debris: Quarterly News*, https://orbitaldebris.jsc.nasa.gov/.

- OECD (2021), *How Was Life? Volume II: New Perspectives on Well-being and Global Inequality since 1820*, OECD Publishing, Paris, https://doi.org/10.1787/3d96efc5-en.

- OECD (2021), "Population Age Structure", *Demographic References* (database), https://stats.oecd.org/ (accessed 25 June 2021).

- OECD (2021), "Population Projections", *Population Statistics* (database), https://stats.

oecd.org/(accessed 25 June 2021).

- OECD (2021), "The Long View: Scenarios for the World Economy to 2060", *OECD Economic Policy Papers*, No. 22, OECD Publishing, Paris, https://doi.org/10.1787/b4f4e03e-en.

- OECD (2021), "The Long Game: Fiscal Outlooks to 2060 Underline Need for Structural Reform", *OECD Economic Policy Paper*, OECD Publishing, Paris, https://doi.org/10.1787/a112307e-en.

- OECD (2019), *An Introduction to Online Platforms and Their Role in the Digital Transformation*, OECD Publishing, Paris, https://doi.org/10.1787/53e5f593-en.

- OECD (2019), *The Space Economy in Figures: How Space Contributes to the Global Economy*, OECD Publishing, Paris, https://doi.org/10.1787/c5996201-en.

- OECD (2017), *OECD Science, Technology and Industry Scoreboard 2017: The Digital Transformation*, OECD Publishing, Paris, http://dx.doi.org/10.1787/9789264268821-en.

- OECD (2015), *Towards Green Growth?: Tracking Progress, OECD Green Growth Studies*, OECD Publishing, Paris, http://dx.doi.org/10.1787/9789264234437-en.

- World Bank (2021), "GDP Per Capita (constant 2015 US$)" (indicator), https://data.worldbank.org/ (accessed 15 June 2021).

- WIPO (2020), *World Intellectual Property Indicators 2020*, World Intellectual Property Organization, Geneva, https://www.wipo.int/.

术语表

二氧化碳排放（CO_2 emissions）：化石燃料在燃烧过程中，释放二氧化碳到地球大气层中。二氧化碳是一种无形无味的气体，它通过吸收大气中的热量导致气候变化。

极端贫困（extreme poverty）：贫困中最严重的类型，其特征是人类的基本需求（例如，对食物、清洁用水、住所和教育的需求）都无法满足。国际社会将其定义为赖以生存的收入低于每天1.90美元的国际贫困线。在本章中，极端贫困是通过经济学家罗伯特·艾伦（Robert Allen）开创的"基本需求成本"方法来衡量的。在本书中，每年和每个国家的贫困线是单独计算的，使用能满足基本需求的不同的消费水平，而不是单一的全球贫困线。

前沿企业和落后企业（frontier and laggard firms）：前沿企业包括每个行业和一年

中生产力最高的企业。落后企业包括那些未被视为前沿企业的企业。近年来,落后企业和前沿企业之间的生产力水平差距一直在扩大。

全球化(globalisation):指跨国界联系的扩大、深化和加速,特别是在商品和服务市场、生产资料、金融系统、竞争、公司、技术和行业方面的国际化。

国内生产总值(gross domestic product,GDP):衡量一个国家生产的商品和提供的服务的价值的标准。"总值"是指没有扣除机器折旧,以及用于生产的建筑物和其他资本产品。"国内"指这些商品是由一个国家的居民生产的。由于一个国家的许多产品被用来生产其他产品,因此通过合计每个产品的附加值来计算国内生产总值。

人均国内生产总值(GDP per capita):衡量一个国家人均经济产出的指标。计算方法是一国的国内生产总值除以其总人口数。人均国内生产总值是衡量一个国家经济实力的首要指标,通常用作衡量国家生活水平的一般指标。

无形资产(intangible assets):非实物但具有长期经济价值的资产。对一家公司来说,无形资产可以是数据和专有软件、专利、商标、人力资源和组织知识。

市场集中度(market concentration):市场份额集中在少数公司手中的程度。近年来,不断提高的市场集中度被用来佐证企业之间的竞争正在减少。

净零排放(net zero emissions):消除化石燃料燃烧产生的排放物。许多国家制定了到2050年实现净零排放的目标。

专利(patent):政府授予的一种知识产权,从法律上允许发明人在有限的年限内禁止他人制造、使用或销售他们的发明,以换取公开披露该发明。

已注册卫星(registered satellites):由国家主管部门注册并送入地球轨道的机器,为电信收集信息或中继信号。这些卫星可能涉及很少的国家专业知识,因为它们可以在国际市场上购买或在当地大学开发。

研究与开发(research and development,R&D):由私营和/或公共部门开展的研究和创造性工作,目的是开发新产品、新技术和新服务,以及增加知识储备,并使用这些知识设计新的应用程序。

可再生能源(renewable energy):由水力(不包括抽水蓄能)、地热能、太阳能、风、潮汐、波浪和生物质资源产生的能源。可再生能源由自然补足,因此它永远不会耗尽。

可扩展性(scalability):指资产可以在多地无限次以相对较低成本或没有成本地重复使用的能力。无形资产本质上具有高度的可扩展性。例如,一个电话应用程序是高度可扩展的。虽然开发应用程序软件需要预付成本,但一旦开发出来,生产额外的数量几乎没有成本。

技能差距（skills gaps）：劳动力市场所需技能与劳动力掌握的技能存在质量上的不匹配。技能差距可能会妨碍雇主发挥寻找训练有素员工的能力，或妨碍求职者发挥寻找工作的能力。

太空垃圾（space debris）：地球轨道上累积的非功能性人造物体及其碎片。这些碎片来自卫星和航天器的发射，也来自诸如轨道上的碰撞和爆炸等事件。当太空垃圾在太空高速移动时，它们有与运行中的卫星和太空飞行器碰撞的风险。

有形资产（tangible assets）：公司拥有的具有经济价值的实物，例如，建筑物、存货和机器。

贸易自由化（trade liberalisation）：取消或减少贸易壁垒，如关税和配额，以促进国家之间的商品交换。它的好处包括提高各国利用比较优势的能力，改善保持低价的能力，和促进更大竞争的能力，不利因素可能包括国内产业被挤出市场和工作外包。

最终能源消耗总量（total final energy consumption）：终端用户容易消耗的能源总量，包括家庭、交通、工业和农业。最终能源消耗不包括能源部门将资源转化为可供消耗的能源所使用的能源。

商标（trademark）：一种独特的字母、文字、声音或符号的组合，用以区分一家公司与其竞争对手的商品和服务。商标被认为是知识产权的一种形式。

第2章

生 活 与 工 作

无论是在工作中还是在家庭生活中，我们的日常生活都在不断变化。教育可以持续促进我们的个人成长和职业发展。但是，我们的未来会如何发展？社区的未来又会怎样？本章将通过以下五个主题来探讨这些问题。

➢ **为生活而工作，还是为工作而生活？**：探讨工作时间和非工作时间的发展趋势。

➢ **新时代新的就业形式**：研究非标准工作形式的崛起，如临时雇佣和数字自由职业。

➢ **生活的量化**：探讨我们如何通过数字追踪和虚拟关系与自己和他人建立联系。

➢ **21世纪的家庭**：阐述家庭结构的变化，以及家庭中生育和看护任务分配的演变。

➢ **生活质量**：通过个人安全和住房条件来审视我们的生活质量。

这些趋势通过一系列问题和情景与教育及其未来建立联系。本书也讨论了新冠疫情近期和长期潜在的影响。

本章概述及新冠疫情的影响

  我们的工作和生活都在不断演化。人们的平均工作时间比一个世纪前要短，弹性工作也更加普遍，如兼职或远程工作。这些变化带来了新的可能性，但同时也带来了风险，例如，工作的不稳定性和不安全性增大。在工作领域之外，数字技术正在改变我们与自己和他人建立联系的方式，包括如何记录我们每天的步数，如何安排我们的爱情生活。尽管在收入、年龄和性别方面仍然存在差异，但我们的社区在许多方面都变得更加安全。在家里，家庭结构持续进化，进一步实现性别平等的步伐清晰可见，虽然缓慢但坚定。从幼儿早期学习

生活与工作

为生活而工作，还是为工作而生活？
我们生活和工作的平衡是如何演变的？

新时代新的就业形式
新的工作安排对我们的私人生活和幸福有什么影响？

生活的量化
数字追踪在多大程度上影响着我们的生活和人际关系？

21世纪的家庭
家庭结构和家庭内部的角色是如何演变的？

生活质量
在过去几十年里，个人安全和住房的基本要素在哪些方面发生了改变？

到终身学习，教育不但能帮助个人在快速变化的经济和社会中茁壮成长，而且能推动安全、健康、关爱他人的个人和社区的发展。

生活、工作与新冠疫情

新冠疫情提醒我们，即使拟定了最完美的计划，未来也总会出乎我们的意

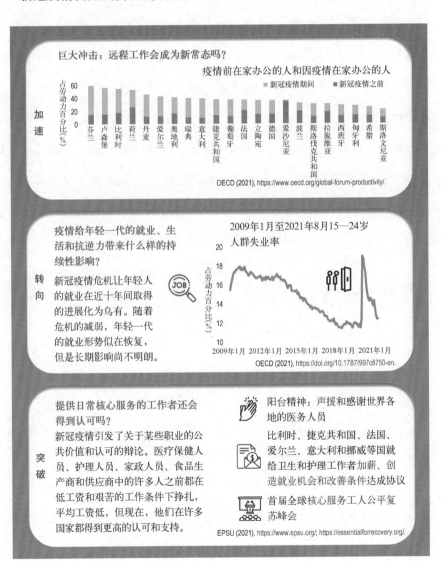

巨大冲击：远程工作会成为新常态吗？

疫情前在家办公的人和因疫情在家办公的人

■ 新冠疫情期间　■ 新冠疫情之前

加速

占劳动力百分比（%）：60 40 20

芬兰　卢森堡　比利时　荷兰　丹麦　爱尔兰　奥地利　瑞典　意大利　捷克共和国　葡萄牙　法国　立陶宛　德国　爱沙尼亚　波兰　斯洛伐克共和国　拉脱维亚　西班牙　匈牙利　希腊　斯洛文尼亚

OECD (2021), https://www.oecd.org/global-forum-productivity/.

疫情给年轻一代的就业、生活和抗逆力带来什么样的持续性影响？

转向

新冠疫情危机让年轻人的就业在近十年间取得的进展化为乌有。随着危机的减弱，年轻一代的就业形势似在恢复，但是长期影响尚不明朗。

2009年1月至2021年8月15—24岁人群失业率

占劳动力百分比（%）：20 18 16 14 12 10

2009年1月　2012年1月　2015年1月　2018年1月　2021年1月

OECD (2021), https://doi.org/10.1787/997c8750-en.

提供日常核心服务的工作者还会得到认可吗？

突破

新冠疫情引发了关于某些职业的公共价值和认可的辩论。医疗保健人员、护理人员、家政人员、食品生产商和供应商中的许多人之前都在低工资和艰苦的工作条件下挣扎，平均工资低，但现在，他们在许多国家都得到更高的认可和支持。

阳台精神： 声援和感谢世界各地的医务人员

比利时、捷克共和国、法国、爱尔兰、意大利和挪威等国就给卫生和护理工作者加薪、创造就业机会和改善条件达成协议

首届全球核心服务工人公平复苏峰会

EPSU (2021), https://www.epsu.org/; https://essentialforrecovery.org/.

料。趋势可以加速、转向或者突破。随着疫情冲击的消退,围绕这些转变的长期影响,一些悬而未决的重要问题浮出水面。

为生活而工作,还是为工作而生活?

尽管在大多数人眼里,在当今异常忙碌的世界,人们工作的时间比任何时候都长,但从20世纪开始,工作时间就已经稳步缩短。1870年,OECD成员国的工人年均工作时间超过3 000小时。直到20世纪初,双休日才出现。工作时长的缩短是由各种因素推动的,包括生产力和收入的大幅提升,劳动法规数量和更加平价休闲活动数量的飙升。这带来了非工作时间和假期的大幅增加,随之而来的旅游业扩张便是一种体现。然而,平均数据掩盖了国家之间和国家内部的巨大差异。教育在工作以外的作用是什么? 工作时间的减少在多

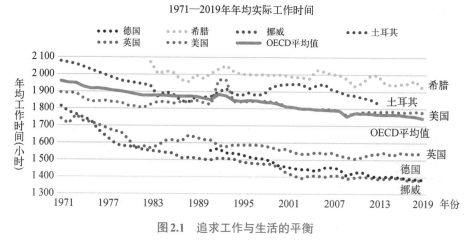

图2.1 追求工作与生活的平衡

注: 年均工作时间是每年实际工作的总时数除以每年平均就业人数所得。OECD平均值是除以色列和斯洛文尼亚以外所有OECD成员国的平均数。

来源: OECD (2021), *OECD Labour Force Statistics* (database), https://stats.oecd.org/(accessed 26 October 2021).

StatLink 📊 https://stat.link/6ktpmf

大程度上会催生学习需求的增长？

20世纪上半叶，新国际公约规定一天工作时间至多8小时，一周工作时间至多48小时。截至1971年，OECD成员国员工的工作时间已经下降到年均1 960小时，最终在2019年降至年均1 743小时。然而，各国之间仍然存在巨大差异，2019年哥伦比亚和土耳其的员工平均每周工作超过46小时，而荷兰的员工平均每周工作不足30小时。

各国内部的差异，如不同性别之间的差异，也很明显。在整个OECD中，超过15%的男性员工工作时间非常长（即每周至少50小时），而经历同样状况的女性占比约为6%。此外，美国的证据显示，自1940年以来，收入分配中排名前10的员工的工作时间实际上已经增加，收入最低的60%的工人每周工作时间则减少了20%。在OECD其他高收入国家也发现了类似情况。

目前，OECD的全职工人平均每天有63%的时间（15小时）用于休闲和个人护理，包括吃饭和睡觉。在两次世界大战之间的那些年，非工作时间开始出现增加势头，1993年，《欧盟工作时间指令》（The European Union Working Time Directive）规定，欧盟成员国员工每年至少有20天的带薪假期。

在整个OECD成员国中，除美国外，其他国家都规定了带薪年假的最低要求。自由时间的增加推动了旅游业的持续发展，国际旅游人数在2019年达到14.7亿人次。2009—2019年，国际旅游收入实际增长率为54%，超过了世界GDP的增长率（44%）。众所周知，这种长期增长因新冠疫情而中断：2020年入境旅游人数空前地下降了73%。虽然国际旅游未来预计会有所恢复，但许多专家预计，在2024年前，不会恢复到2019年的水平。

图 2.2　外出旅游

来源：World Tourism Organization (2021), Tourism Dashboard, https://www.unwto.org/global-and-regional-tourism-performance.

StatLink ⬛ https://stat.link/57qm3v

对教育的启示

- 除了工作和学习，我们还有休闲活动、家庭生活和政治生活，等等。教育能否帮助人们——无论老少——发展必要的能力，以便他们有意义地参与生活的各个方面？

- 非正规学习、非正式学习和正规学习相互影响、相互促进。你所生活的系统是否充分考虑了公平获得非正规学习的机会，如教育休闲？教育系统（地方、区域、国家层面）可以做些什么来改善这一领域？

- 尽管工作时长呈现出平均下降的趋势，但许多来自OECD成员国的家长认为，不便利的时间安排和与之冲突的工作时间是他们参加学校相关活动的主要障碍。更概括地说，学校和教育系统可以做些什么来方便家长参与其中？

新时代新的就业形式

随着新商业模式、工作条例和政策的确立,劳动力市场正在发生变化。非标准工作形式,如临时就业和兼职就业的数量正在增加。数字技术开创了全新的非标准工作形式,特别是远程工作和以在线平台为媒介的工作。虽然这些新的劳动模式可以促进就业,并提供更灵活和更自主的工作安排,但它们也可能增加不可预测的工作模式,增加工作需求,模糊就业和私人生活之间的界限。强大的终身学习系统对未来工作所需的适应力和复原力起着至关重要的支持作用。

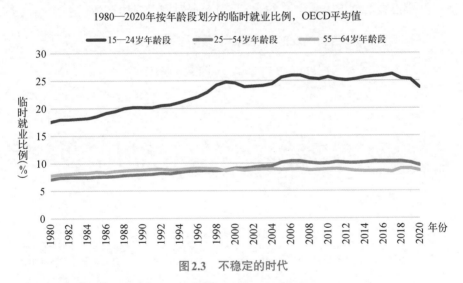

图2.3 不稳定的时代

注:临时就业是依赖性就业的一部分。
来源:OECD (2021), *OECD Labour Force Statistics* (database), https://stats.oecd.org/(accessed 26 October 2021).

StatLink https://stat.link/aicedh

在大多数OECD成员国,非标准工作占据了超过三分之一的劳动岗位,对青年职工的影响最大。2020年,15—24岁人群从事临时工作的人数占从事依赖性就业人数的24%,而在总人口中,从事临时工作的人数比例为11%。与1980年相比,15—24岁人群在该方面占比增加了7%。在过去的20年里,兼职合同数量也在不断增加,特别是在年轻人群体中。

因为工作更不稳定,工资更低,社会福利和保障更差,培训和晋升的机会也更少,非标准工作可能导致工人(尤其是中低技能工人)的工作质量更差,福利更少。这也增加了他们陷入收入贫困的风险,这种现象在当代青壮年人中越来越普遍,他们通常被称为"穷忙族"(working poor)。

数字技术是变革的重要驱动力。在零工经济(gig economy)中,员工通过网站和应用程序将自己与顾客需求进行匹配,体现了非标准工作的数字化传播。虽然很难估测出零工经济的数量,但全球对网上自由职业的需求在过去五年几乎翻了一番,2016—2021年的年增长率均为11%。

图2.4　数字泰勒主义

注:在线劳动指数实时跟踪跨平台、跨国家和跨职业的项目和任务数量。它并不估算零工工作者的绝对数量,因为它不包括在线获取、本地执行的工作,如快递工作。完整信息请参阅StatLink。

来源: Kässi, O., C. Hadley and V. Lehdonvirta (2019), *Online Labour Index: Measuring the Online Gig Economy for Policy and Research*, Figshare Dataset, https://doi.org/10.6084/m9.figshare.3761562.v1842 (accessed 1 June 2021).

StatLink ▅▅ https://stat.link/l0sy95

　　尽管零工经济提高了效率和生产力，增加了工作时间的灵活性，但可以说，它把工作变成了商品。对一些工人来说，它可能意味着回归过去的非正式和临时劳动结构，而该结构的特点是社会和就业保障薄弱，工作条件差。因此，越来越多的人要求制定更好的政策来监管这种新经济，在降低风险的同时，充分发挥其潜力。在一个动态的、不断变化的工作世界，教育和培训系统可以提高人们的技能，帮助人们再创技能，让每个人都有终身学习、全方位学习的机会。但是，它们在实现这一目标时情况如何？教育是否应该担负更多责任？

对教育的启示

- 随着非标准就业的增加，如果工作机构不给我们安排时间表，我们该如何安排自己的时间？教育如何帮助儿童和成人学习管理自己的时间？

- 随着职场的不断变化，人们越来越期望教育系统能够帮助他们做好一生中从事多份工作的准备。它们是否实现了这一目标？如果没有，教育系统应该开始和/或停止做什么？

- 如果越来越多的工人没有永久固定的雇主来赞助他们的在职学习和培训，那对这种在职教育会有什么影响？这种转变对正规或非正规的教育系统以及教育专业人员来说，意味着什么？零工经济带来的新型培训机会，如对等网络（peer networks）和众筹资源等，在填补这一空缺方面有哪些潜能？

生活的量化

　　人们正越来越多地将空闲时间集中用于提高生产力和效率以及自我完善。基于可穿戴技术和不断扩大的物联网，我们现在可以将部分生活故事提炼出来，储存于我们的智能设备。这一趋势并不局限于我们的健康领域：现在，甚至爱情和亲密关系也日益成为算法的产物。私人生活曾经是我们个人（或家庭）的领域，现在却日益被从我们产生的数据中提取价值的公司量化和商品化。教育有助于培养批判性思维，而批判性思维对我们来说是必要的，不但可以帮助我们做出明智的选择，而且可以帮助和鼓励所有年龄段的学生在一个日益量化的社会中选择属于他们自己的真实路径。

蜚比(Fitbit)活跃用户(2014—2020年)和苹果可穿戴设备、家居配件净销售额(2015—2020年)

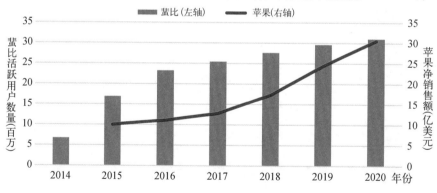

图2.5　每天一个应用程序，让医生远离你？

　　注：活跃的蜚比用户是指那些每周（至少）使用一次设备的用户。苹果净销售额包括苹果蓝牙耳机、苹果电视、苹果智能手表、Beats耳机、HomePod智能音箱、iPod touch移动便携产品以及其他苹果品牌和第三方配件的销售额。

　　来源：OECD统计数据来自蜚比全年数据(2014—2020年)，https://investor.fitbit.com/，以及苹果Form 10-K年度报告(2015—2020年)，https://investor.apple.com/.

StatLink ![StatLink] https://stat.link/iabs48

　　智能技术和可穿戴技术无处不在，逐渐成为我们生活的一部分。成千上万的移动医疗（mobile health）应用程序可在智能手机、可穿戴设备和其他科技产品上下载。这些工具可测量的内容不断增加，包括呼吸和心率、血氧饱和度、睡眠时间、卡路里摄入情况和身体活动。蜚比活跃用户的数量从2014年的670万增至2020年的3 100万；这种爆炸性增长是自我监测势头的缩影，又称自我量化。

　　有趣的是，通过监测自己生活的方方面面寻求自我了解并不是一种新做法，像写日志这样古老的做法就说明了这一点。然而，数字技术使我们能够到达未知的领域：越来越多的人通过数字来建立自我认识，改善身体、精神和情感表现。

　　在生活逐渐量化的过程中，甚至爱情和亲密关系也日益成为算法的产物。交友软件汀德（Tinder）的付费订阅用户数在五年内从30.4万猛增到近700万。据估计，汀德目前每月有超过6 600万用户——真正的大众化现象。通过这样

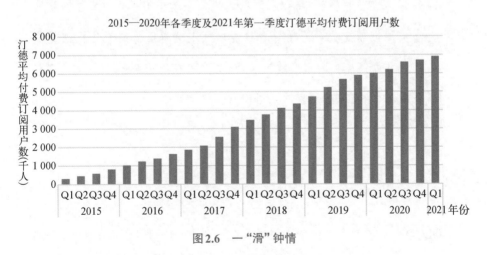

图2.6 一"滑"钟情

来源：OECD统计数据来自Match Group投资者报告（2015—2019年）和2020—2021年的季度成果，https://ir.mtch.com/overview/.

StatLink 🏀🐟🗽 https://stat.link/s2dukl

的约会交友软件,约会场景变成了一个市场,在这里,人们可以像从物品清单中挑选物品一样,选购自己潜在的另一半。由于选择很多,亲密关系可能越来越像商品,可以快速和大规模地消费,而相遇成了经济交易。

这只是"新常态"吗?对于日常生活中日益增长的"数据化"和相关风险,数字素养、数据素养和健康素养是识别它们和提高相关意识的关键。

对教育的启示

- 教育的许多方面正越来越多被测量以及量化。我们是否正在把教育简化为只可量化的东西?如果我们不能测量它,它还重要吗?

- 教育机构是否有能力理解和使用数字工具、平台和服务产生的数据?如果不能理解,什么方法可以帮助教育机构理解?是通过加强教师的数据素养吗?是在中小学和大学中引入和整合新的专业角色吗?

- 在教育、外表、关系和生活等领域,越来越多的生活量化与日益增长的对完美的期望有关。为学习者赋能以抵制这种压力的最佳方式是什么?教育如何能帮助人们解决问题,防止潜在的负面影响(例如,日益增长的压力和焦虑,因害怕犯错而减少冒险)?

21世纪的家庭

OECD成员国的家庭结构在持续变化。例如,婚姻制度正在演变,结婚率和生育率下降,离婚率上升,平均结婚年龄推迟。但是,浪漫并没有消亡:长期的亲密关系,如同居和民事结合(civil unions)已经变得更加普遍。这些变化反映了社会价值观的转变,但其他因素也加剧了这些趋势,例如,女性劳动力参与度的提高,工作不稳定性和经济不安全感的增加。尽管发生了这些变化,某些家庭特征却变化缓慢。妇女仍然首当其冲,她们在肩负工作重任的同时,也承担着生育和养育孩子的重任,在办公室和家庭间寻找平衡。教育政策可以帮助建立社区,这些社区可以照顾所有成员,也可以与性别刻板观念作斗争。

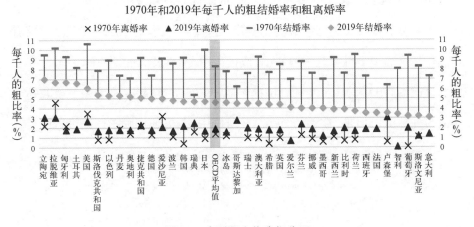

图2.7 直到死亡将我们分开

注:新西兰的数据包括民事结合的数据。如果没有当年数据,则使用最近年份的数据。更多详细信息请参阅StatLink。

来源:OECD (2021), *OECD Family Database* (database), https://www.oecd.org/els/family/database.htm (accessed 28 October 2021); 图中2019年的数据来自各国国家统计局。

StatLink 🔗 https://stat.link/pwn8yh

在过去50年里,整个OECD成员国的结婚率一直在下降:从1970年的每千人中有超过8人结婚,到2019年的平均不到5人。人们的结婚年龄也在推迟:1990年至2017年,男女的平均结婚年龄均增加了5岁,女性为30岁,男性为33岁。与此同时,除了丹麦、爱沙尼亚、匈牙利、拉脱维亚和美国,其他国家的离婚率都在上升。同居也相应地变得更加普遍,在整个OECD中,平均近10%的人是同居夫妇。这在北欧国家特别流行:例如,在瑞典,20%的夫妇没有正式结婚就住在一起。作为一种转型中的制度，婚姻本身也发生了变化，走向现代化，截至2020年，21个OECD成员国的同性婚姻已经合法化。

虽然婚姻在不断演变，但其他家庭事务变化缓慢。在整个OECD成员国中，女性参与无偿工作和护理工作的时间仍然是男性的两倍，用于做饭、清洁、照顾家人和购物等工作的时间为日均4.5小时。为解决这个问题，许多国家在过去30年里延长了父亲的带薪陪产假、带薪育儿假和带薪居家护理假——进一步防止休假权转移到母亲身上。尽管有这些努力，但在2020年，父亲的特有权利仍然远远少于母亲（整个OECD成员国中，男性特有假期时间平均为9周，而女性的约为51周）。日本和韩国提供的津贴最为丰厚，父亲有权享受长达一年的带薪休假。但是，在整个OECD成员国中，为方便照顾孩子而设置的育儿

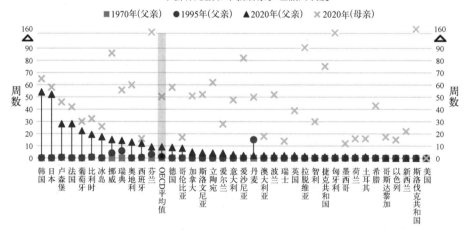

OECD各国为父亲(1970年、1995年和2020年)和母亲(2020年)保留的带薪陪产假/产假、带薪育儿假和带薪居家护理假的长度

图2.8　家庭主夫

注：本图中的信息是指只能由父亲使用而不能转让给母亲的权利，以及父亲必须休的任何可共享的带薪假，以使家庭有资格享受"附赠"育儿假的周数。OECD平均值为38个OECD成员国的平均值。

来源：OECD (2021), *OECD Family Database* (database), https://www.oecd.org/els/family/database.htm (accessed 28 October 2021).

StatLink 📊 https://stat.link/3i4tgy

假和居家护理假的使用率仍然很低,男性使用者只占五分之一。在韩国,尽管津贴丰厚,但这一比例甚至更低:在每十个使用者中韩国父亲不足一个。父亲参与育儿,可以对儿童成长产生积极影响,并改善教育成果和职业预期,这在女孩身上体现得尤其明显。教育能示范和培养男女从小对看护孩子的积极态度。

对教育的启示

- 家庭和学校责任(看护、教学和学习等)之间的界限在哪里?不同职责是否都体现在教育政策中?例如,是否体现在管理学校时间表和资源分配的教育政策中?

- 不同教育系统,包括成人教育,如何帮助挑战性别主义的看护角色分工和愿望?通过推广性别更加均衡的看护榜样吗?或者改变课程设置?还是改变教师队伍的构成?

- 获得优质的儿童早教和看护服务与取得优异的学校成绩和生活成就有关。它也是对在职父母的一种重要支撑。政府如何确保所有人,特别是最弱势群体,都能获得这些服务?

生活质量

近几十年,人们的生活质量得到了多方面的改善。在整个OECD成员国中,杀人率和道路交通事故死亡人数都有所下降,人们夜间独自在社区行走时比以往更有安全感。令人满意的住房也越来越多,平均而言,生活在过度拥挤和缺乏基本卫生设施的家庭比例都有所下降。然而,严重的不平等现象依然存在,甚至有所加剧。个人安全在不同国家及不同性别、年龄和教育群体中存在很大差异。尽管住房条件有所改善,但住房负担能力仍然是一个严重问题。教育如何才能为所有学习者服务,包括那些生活条件更艰苦的学生?

2006—2013年和2014—2020年,OECD各国夜间在所居住社区独自行走时感到安全的人的性别比例

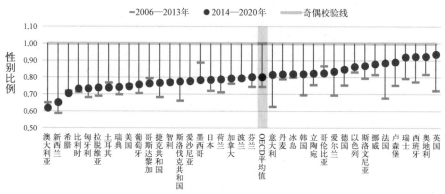

图2.9 黑夜中的陌生人

注:性别比例的计算方法是将感觉夜间独自行走安全的女性比例除以感觉安全的男性比例。

来源: Gallup (2021), *Gallup World Poll* (database), www.gallup.com/services/170945/worldpoll. aspx.

StatLink 📊 https://stat.link/vws1z7

安全与否对幸福有着深远的影响。在整个OECD中,自2010年以来,杀人率平均下降了33%,道路交通事故死亡率下降了20%以上。2020年,约有74%的人表示,他们夜间在自己所居住社区独自行走时感到安全,而2006年这个比率只有66%。然而,不同国家和不同群体之间存在显著差异。例如,30—49岁的人和受过大学教育的人更有可能感到安全。

从性别角度来看,在所有OECD成员国中,夜间独自行走时,男性比女性更有安全感:平均而言,每10个男性中有8个感到自己是安全的,同样数量的女性中,则是6个。在澳大利亚和新西兰,这一差距尤其大:大约80%

的男性感到安全,而女性为50%左右。然而,在几个OECD成员国,2006—2013年和2014—2020年之间,安全感的性别差距略有缩小,特别是在法国、意大利和英国。

　　家庭正在将越来越多的可支配收入用于住房,部分原因是住房价格上涨,特别是对租房者而言。价格上涨妨碍人们消费,影响人们的储蓄能力,使人们更容易受到经济震荡的影响。1980—2020年,OECD成员国的租金平均增长了350%以上。自2005年以来,爱沙尼亚、冰岛、立陶宛和土耳其的租金上涨了一倍多。这些趋势严重地影响了穷人。在处于收入分布最底层的20%的家庭中,平均有近十分之三的家庭将其可支配收入的40%以上用于支付租金或抵押贷款。他们也更有可能生活在劣质和过度拥挤的住所中。

　　这种经济负担最终可能导致驱逐甚至无家可归的发生:在新冠疫情

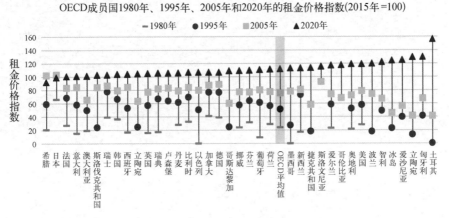

图2.10　你是否租得起房子

注:如果没有当年数据,则使用最近年份的数据。更多详细信息请参阅StatLink。
来源:OECD (2021), "Housing Prices" (indicator), *OECD Affordable Housing Database*, https://doi.org/10.1787/63008438-en (accessed 20 May 2021).

StatLink ▧ https://stat.link/k901j8

之前,OECD已经启动了300多万项正式的驱逐程序,在三分之一的OECD成员国,无家可归者的比率一直在上升,涉及人口高达200多万。教育和其他社会服务必须努力支持所有学生的健康发展,消除学校和教室内的学习障碍——随着数字学习的兴起,也要消除学校和教室外的学习障碍。

对教育的启示

- 身心安全是学习和健康发展的关键。学校和社区如何合作,以确保学生的安全? 教育系统该如何更好地培养教师做好这方面的准备,并为其提供支持?

- 居住隔离是学校种族隔离的关键驱动因素,影响教育质量和教育公平。哪些招生政策和资源分配政策可以减轻并减少教育系统中种族隔离的影响?

- 前来接受教育的学习者家庭环境和居住环境迥异,且在不断变化。远程学习和混合型学习对不同学生群体有什么影响? 如何重新组织时间、空间和人员以支持不同学生和家庭的不同需求?

生活、工作和教育的未来会如何?

趋势能让我们思考当前的模式对未来可能意味着什么。但是,我们又该如何看待未来15—20年可能出现的新模式、新冲击和新惊喜呢?

本节以"OECD关于学校教育未来的图景"为基础,鼓励读者思考发展如何与教育联系起来,并以多种方式演变。以下两个小插曲描述了未来可能会发生的故事,读者也可以根据需要改编或创作新的故事。其后列出了一些关于教育的关键问题,以及一系列可能以意想不到的方式影响教育和学习的潜在冲击和意外。关于每个图景的描述,见本书第11—12页。

■图景1　　■图景2　　■图景3　　■图景4

特蕾西 (Tracey) 是学院创始人和首席执行官。该学院是为数字游民的孩子打造的虚拟学习平台。自从远程工作成为默认模式,数字游牧主义就爆发了。"即使居住在里约热内卢,现在你也可以自由地为一家伦敦的公司打工。明年你可以决定搬到斯德哥尔摩,"特蕾西向投资者解释,"但是你该怎么处理你孩子的教育问题?"学院为5岁及以上孩子提供个性化教育,其中80%的课程为在线课程,20%的课程与当地学校合作实施。特蕾西正在募集资金来扩大拉丁美洲当地学校网络的规模。如果她成功了,该公司将被列入2040年最佳教育机构"未来500强"名单。"接下来的计划? 可能是进军月球! "

自从25小时工作制被引入作为"可能性部门"优质生活改革方案的一部分,作为世界知名的秉持可持续发展理念的时装设计师,卡特 (Cat) 打算邀请女儿的同学每周四来她的画室学习。她十分自豪地说:"我过去并没有尝试教孩子,这一定非常有趣。"在一个月的时间里,学生们将学习如何将各种各样的日常材料重新利用,制造出创新材料,测试他们自己的设计。学期末,他们的作品将在当地工艺和设计博物馆展出。而对于受启发后想继续学习的学生,她将会提供学徒岗位。吃晚饭时,卡特的女儿说:"我为你感到高兴,但是请你不要告诉其他人你是我妈妈,好吗?"

2040年，情况会截然不同

学历、社会化、看护和资格认证可能会随未来趋势的不同而有所不同。

到2040年，以下事物的变化可能会如何影响教育的目标和功能？
- 工作世界；
- 家庭生活和个人的自我实现；
- 贫困和社会排斥。

对教育的期望是什么？

不断变化的价值观、科学和技术塑造了学习。

在2040年……
- 在哪里学习（在家庭、学校、工作场所等）？
- 课程是否会支持自我成就和创业精神（以及其他）？
- 学习/工作与游戏/休闲如何平衡？

 如何处理空间、内容、时间与各种关系？

谁来实施教育？在什么条件下实施教育？

到2040年……
- 教学活动和资料的多样性是否会增加？
- 教学是基于专业标准还是更加开放？
- 幼儿园、中小学和大学等教育机构是否仍以实体形式存在？

谁对什么负责？对谁负责？

利益相关者对教育的看法不同，对决策的影响力也不同。在2040年……
- 政府、市场和公民社会的作用是什么？
- 决策是否透明？它是否具有包容性？
- 地缘政治环境以何种方式影响教育和学习的供给？

冲击和意外

即使我们拟定了最完美的计划，未来也总会出乎我们的意料。如果这些冲击成为现实，对教育和学习意味着什么？你能看出其他潜在干扰出现的迹象吗？

虚拟现实已成为现实
随着虚拟现实和触觉技术的进步，包括工作和休闲在内的大部分活动现在都在虚拟空间进行。

逆城市化/离域作用
得益于远程办公，现实地理位置不再重要：中产阶级离开了城市，而对于穷人，城市是服务不足的地方。

新流行病
每个人都是潜在的威胁，因为病毒的制造和病原菌休眠期的打破带来了疫情暴发的持续风险。

朋友是新的家人
房价上涨和家庭结构的变化导致同居现象普遍存在，变革了儿童保育和育儿实践的形式。

了 解 更 多

相关文献

- Gallup (2021), *Gallup World Poll* (database), www.gallup.com/services/170945/worldpoll.aspx.

- Huberman, M. and C. Minns (2007), "The Times They Are Not Changin': Days and Hours of Work in Old and New Worlds, 1870–2000", *Explorations in Economic History*, Vol. 44/4, pp.538–567, https://doi.org/10.1016/j.eeh.2007.03.002.

- Kässi, O., C. Hadley and V. Lehdonvirta (2019), *Online Labour Index: Measuring the Online Gig Economy for Policy and Research*, Figshare Dataset, https://doi.org/10.6084/m9.figshare.3761562.v1842 (accessed 1 June 2021).

- Markovits, D. (2019), *The Meritocracy Trap: How America's Foundational Myth Feeds Inequality, Dismantles the Middle Class, and Devours the Elite*, Penguin Random House, New York.

- OECD (2021), "Building for a Better Tomorrow: Policies to Make Housing More Affordable", Employment, Labour and Social Affairs Policy Briefs, OECD, Paris, http://oe.cd/affordable-housing-2021.

- OECD (2021), *OECD Employment Outlook 2021: Navigating the COVID-19 Crisis and Recovery*, OECD Publishing, Paris, https://doi.org/10.1787/5a700c4b-en.

- OECD (2021), "Housing Prices" (indicator), *OECD Affordable Housing Database*, https://doi.org/10.1787/63008438-en (accessed 20 May 2021).

- OECD (2021), *OECD Family Database* (database), https://www.oecd.org/els/family/database.htm (accessed 28 October 2021).

- OECD (2021), *OECD Labour Force Statistics* (database), https://stats.oecd.org/ (accessed 26 October 2021).

- OECD (2020), *How's Life? 2020:Measuring Well-being*, OECD Publishing, Paris, https://doi.org/10.1787/9870c393-en.

- OECD (2020), *OECD Employment Outlook 2020: Worker Security and the COVID-19 Crisis*, OECD Publishing, Paris, https://doi.org/10.1787/1686c758-en.

- OECD (2019), *Measuring the Digital Transformation: A Roadmap for the Future*, OECD Publishing, Paris, https://doi.org/10.1787/9789264311992-en.

- OECD (2019), *OECD Employment Outlook 2019: The Future of Work*, OECD Publishing, Paris, https://doi.org/10.1787/9ee00155-en.

- OECD (2019), *Society at a Glance 2019: OECD Social Indicators*, OECD Publishing, Paris, https://doi.org/10.1787/soc_glance-2019-en.

- OECD (2016), "Parental Leave: Where Are the Fathers?", OECD Policy Brief, OECD, Paris, https://www.oecd.org/policy-briefs/parental-leave-where-are-the-fathers.pdf.

- Palmer, L. (2020), "Dating in the Age of Tinder: Swiping for Love?", in Carter J. and L. Arocha (eds), *Romantic Relationships in a Time of "Cold Intimacies"*, Palgrave Macmillan Studies in Family and Intimate Life, Palgrave Macmillan, Cham, pp.129–149, https://doi.org/10.1007/978-3-030-29256-0_7.

- UNWTO (2021), *International Tourism Highlights, 2020 Edition*, World Tourism Organization, Madrid, https://doi.org/10.18111/9789284422456.

- World Tourism Organization (2021), Tourism Dashboard, https://www.unwto.org/global-and-regional-tourism-performance.

术语表

民事结合(civil unions):法律认可的两个个体之间坚定的伴侣关系。通常情况下,对其承诺的民事登记为这对夫妇提供了近似或等同于婚姻的法律利益。

同居(cohabitation):与伴侣自愿共同生活,但在法律上没有与伴侣结婚,也没有与伴侣办理注册的伴侣关系。

粗结婚率和粗离婚率(crude marriage and divorce rates):指一年中每千人中结婚和离婚的数量。

依赖性就业(dependent employment):以工资或薪金作为补偿的就业。

驱逐(eviction):将人们非自愿地从出租住宅中赶走的过程,涉及法院或其他诉讼机构的司法程序,这些诉讼机构包括房东和承租人委员会或房屋租赁审裁处。驱逐也会影响到自住的家庭,特别是拖欠抵押贷款的家庭。

零工经济(gig economy):一种基于临时工作的工作方式,或做不同的工作(每项工作都有报酬),而不是为一个雇主工作。零工(或平台)工作者是指使用应用程序

［如优步（Uber）或网站（如Amazon Turk）］与客户配对，以提供服务换取金钱。他们提供多样化的服务，包括运输、编码和撰写产品说明。

收入贫困（income poverty）：个人或家庭的收入水平低到无法满足人的基本需求。

物联网（internet of things）：指所有可以通过互联网改变其状态的设备和物体，无论是否有个人的积极参与。它包括渗透到公共空间、工作场所和家庭中的各种物体和传感器。它们收集数据，相互交换数据，并与人类交换数据。

休闲（leisure）：一系列广泛的室内和室外活动，如运动、娱乐和与朋友及家人的社交。休闲不包括有偿和无偿的工作以及个人护理活动，如吃饭和睡觉。

移动医疗（mobile health）：用于移动和可穿戴设备上的各种应用，目的是监测健康、治疗疾病和改善人类健康状况。

非标准依赖性就业（non-standard dependent employment）：指工薪族从事兼职或不稳定工作（即在若干年内频繁地在就业和失业之间转换）。

非标准工作（non-standard work）：所有的临时、兼职和自雇安排，即一切偏离服务于单一雇主的全职、无期限就业"标准"的工作。由于居家办公不是在雇主的场所进行，而是在员工自己的家中或他们选择的其他地点进行，因此也被视为一种多样化的就业安排。

网上自由职业（online freelancing）：指在网上找到工作，并在线办公的个人所从事的工作。它不包括在网上获得而在线下开展的工作，如送货和拼车。

过度拥挤的住所（overcrowded dwellings）：每户人家的居住房间不足一间：每户人家可以是家庭中的每对夫妇，或18岁及以上单身人士，或两个12—17岁同性人士，或未涵盖进上述分类的每个12—17岁单身人士，或两个12岁以下儿童。

带薪年假（paid annual leave）：雇员每年被允许离开工作岗位的带薪天数。年假使用一般可以由雇员自行选择（尽管确切的休假时间通常要与雇主达成一致）。

带薪居家护理假（paid home care leave）：受就业保护的休假，有时是在育儿假之后，通常允许父母中至少有一人留在家中照料孩子，直到孩子2岁或3岁。这些假期往往只支付较低的统一费用。也被称为托儿假或育儿假。

带薪育儿假（paid parental leave）：在职父母受就业保护的休假，通常是对产假和陪产假的补充，而且经常在产假或陪产假之后。但并非所有国家都有。育儿假本身的权利往往是个人的（即每个父母都有自己的权利）。

带薪陪产假（paid paternity leave）：在孩子出生时或出生后的头几个月，为在职父亲提供有就业保护的休假。在一些国家，这种假期也适用于收养孩子的情况。

个人护理（personal care）：包括个人需要花费在下列活动上的时间：与生物需求有关的活动（睡觉、吃饭、休息等）；开展、维护或者接受个人或家庭健康护理；与个人有关的精神/宗教护理活动的旅行；发呆、休息、放松；冥想、思考、计划。

远程办公（remote work）：在正常工作时间内，偶尔或定期不在公司或客户处，而是在家里或其他地方开展工作。

汀德（Tinder）：最著名的在线交友应用程序之一，允许用户匿名选择喜欢或者不喜欢其他用户发布的资料。这些资料一般包括他们的照片、简短的传记和个人兴趣列表。一旦两个用户"匹配"，他们就可以交换信息。

无偿工作和护理工作（unpaid and care work）：包括将时间用于下列活动的工作：日常家务、购物、照顾家庭成员、照顾儿童、照顾成人、照顾非家庭成员、志愿服务、与家庭活动有关的旅行，以及其他无偿活动。护理工作不但包括个人护理，还包括监督和教育儿童，涵盖陪儿童阅读，与儿童交谈，以及接送儿童。

可穿戴技术（wearable tech）：一种电子设备，可作为配件佩戴，嵌入衣服，植入用户体内，甚至纹在皮肤上。这些设备是具有实际用途的免提小工具，由微处理器驱动，借由互联网发送和接收数据的能力而得到强化。

第三章

知识与权力

科学进步和科学研究帮助我们做出决策，解决问题，但也可能带来新的不确定性。教育教授人们知识，且有助于强化所需要的价值和技能，以使教育在人们所处环境中发挥作用。本章将通过以下五个主题来探讨这些问题。

➢ **知识社会**：探索知识生产、分配和使用的扩展。

➢ **数据库体量足够大是否就不会出错？**：关注人工智能（AI）和数据驱动的决策。

➢ **拓宽科学的疆域**：强调科学生产和传播的新兴形式。

➢ **知识治理**：说明研究的扩展以及政府如何引导和促进研究。

➢ **对权力说真话**：专家知识和民众知识在当前民主中的作用。

这些趋势通过一系列问题和情景与教育及其未来建立联系。本书也讨论了新冠疫情近期和长期潜在的影响。

本章概述及新冠疫情的影响

  科学和技术等知识的生产以及信息和通信技术等知识的分配无处不在。一方面,这意味着从公共政策到我们的日常生活,都需要强大的新手段来为我们提供信息,帮助我们做决策和解决问题;另一方面,这也伴随着新的风险和不确定性,例如,如何处理大量的有时是虚假的有时是误导性的信息,或者如何面对快速涌现的新兴就业岗位和市场,如何从数字化经济中获益。今天,有效管理信息和知识对个人和集体都很重要。在教育领域,需要关注的关键问题包括21世纪读写能力性质的变化,如何在一个更加开放的创新环境中管理和开

知识与权力

知识社会
我们如何知道我们所知道的?

人工智能:数据库体量足够大是否就不会出错?
人工智能和大数据在哪些方面影响我们的决策?

拓宽科学的疆域
数字技术如何改变科学实践?

知识治理
研究成果和资助对科学和社会有什么影响?

对权力说真话
专家知识和民众知识在我们民主制度中起到什么作用?

展研究,如何在全球化和数字化的背景下培养人们的公民意识和民主观念。

知识、权力与新冠疫情

新冠疫情提醒我们,即使拟定了最完美的计划,未来也总会出乎我们的意

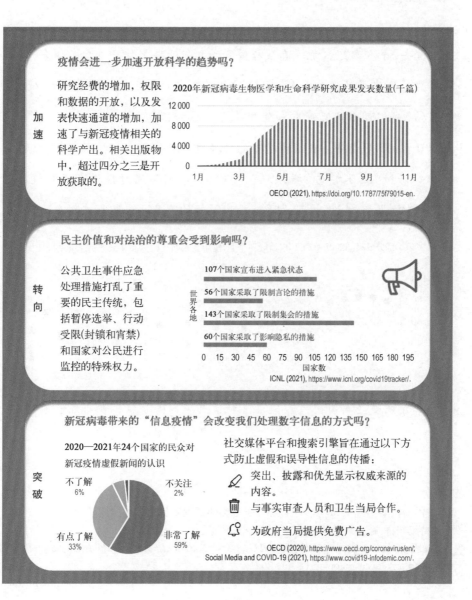

加速

疫情会进一步加速开放科学的趋势吗?

研究经费的增加,权限和数据的开放,以及发表快速通道的增加,加速了与新冠疫情相关的科学产出。相关出版物中,超过四分之三是开放获取的。

2020年新冠病毒生物医学和生命科学研究成果发表数量(千篇)

OECD (2021), https://doi.org/10.1787/75f79015-en.

转向

民主价值和对法治的尊重会受到影响吗?

公共卫生事件应急处理措施打乱了重要的民主传统,包括暂停选举、行动受限(封锁和宵禁)和国家对公民进行监控的特殊权力。

世界各地

107个国家宣布进入紧急状态

56个国家采取了限制言论的措施

143个国家采取了限制集会的措施

60个国家采取了影响隐私的措施

0 15 30 45 60 75 90 105 120 135 150 165 180 195
国家数

ICNL (2021), https://www.icnl.org/covid19tracker/.

突破

新冠病毒带来的"信息疫情"会改变我们处理数字信息的方式吗?

2020—2021年24个国家的民众对新冠疫情虚假新闻的认识

不了解 6%
不关注 2%
有点了解 33%
非常了解 59%

社交媒体平台和搜索引擎旨在通过以下方式防止虚假和误导性信息的传播:

突出、披露和优先显示权威来源的内容。

与事实审查人员和卫生当局合作。

为政府当局提供免费广告。

OECD (2020), https://www.oecd.org/coronavirus/en/;
Social Media and COVID-19 (2021), https://www.covid19-infodemic.com/.

料。趋势可以加速、转向或者突破。随着疫情冲击的消退,围绕这些转变的长期影响,一些悬而未决的重要问题浮出水面。

知识社会

过去,个人和组织都一直在与信息和知识的缺乏作斗争。而如今,我们在努力处理海量的信息和知识:通过维基百科(Wikipedia)、谷歌(Google)等网站,我们可以广泛获取和使用无穷无尽的信息。从复杂的交通基础设施到日常的天气预报,我们生活中的许多方面都依赖各种技术,这些技术将多种知识和"集体智慧"联系起来,以便在人们使用时提供直观的解决方案。最佳的医疗建议,看似无限选择中最好的产品……所有这些东西,我们

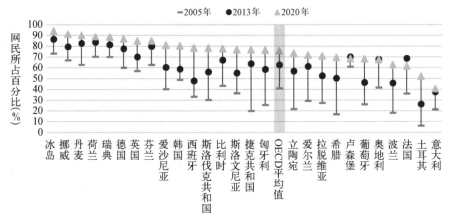

图3.1 无限大的图书馆

注:OECD平均值包括27个OECD成员国的数据。如果一些国家的数据在同一年份无法持续获得,则会采用最邻近年份的数据(详见StatLink)。

来源:OECD (2021), *ICT Access and Usage by Households and Individuals*(database), https://stats.oecd.org/ (accessedon on 15 July 2021).

StatLink https://stat.link/mb28en

只需要轻点手指就能得到。在教育方面,这个知识宇宙是庞大的、分散的、可随时获取的,它带来了关于信息获取、读写和公平等一系列重要问题。我们如何帮助每个人不但能获得数字信息,而且能在获得信息后知道如何使用呢?

2005年,整个OECD成员国中,约有二分之一的人经常上网,只有三分之一的人每天或几乎每天上网。当然,那时的智能手机并不像今天这样,拥有高速连接、直观的界面和海量的应用程序。2020年,整个OECD中,平均约有80%的人每天或几乎每天上网。对数字活动的进一步研究表明,在2005年,只有40%的网民使用网络获取有关商品和服务的信息。到2020年,这个比例几乎翻了一倍,高达75%。

数字技术带来的前所未有的连通性正在重新定义知识生产和传播的方式。传统的百科全书和20世纪的大众媒体(报纸、广播和电视)只有少数精英参与制作,今天的社交媒体和维基百科等网站则依靠大众来产出内容。例如,所有维基网站的页面数量在20年内从约1万个增长到超过2.5亿个。

维基网站只是我们越来越依赖"集体智慧"来做决定的一个例子。其他例子包括我们如何利用别人在网上的评论来评估产品和服务,或者如何通过数字视频来学习烹饪健康的食物。然而,随着数字化的深入,从数字信息中获益被证实远比"选中并点击"复杂得多。数字信息范围大,数量多,人们只有具备更强的能力,才能筛选、评估和使用它们。

今天,高质量教育意味着培养强大的数字素养,使所有学习者具备搜索、评估和使用信息和知识所需的能力,以及通过各种平台和形式积极地创造和交流的能力。

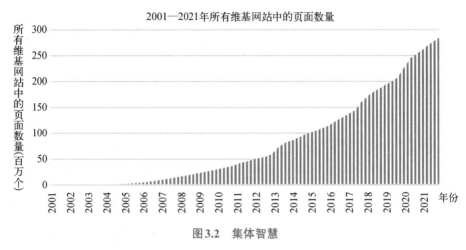

图3.2 集体智慧

来源：Wikimedia (2021), *Pages to Date, All Wikis,* https://stats.wikimedia.org/(accessed on 6 December 2021).

StatLink 🔢🔢 https://stat.link/9i0zng

对教育的启示

- 知识的可获得性并不能保证人们获取知识的渠道或使用知识的技能。我们如何协助每个人有效地获取和使用知识？什么样的教育才能使学生、教师和教育领导者有能力这样做？

- 知识总是越多越好吗？有效评估信息的质量和可信度，发现并摈弃低质量、错误和误导性的信息需要哪些（数字）技能和态度？我们如何帮助教师验证在实践中使用的知识？

- 我们的社交圈影响着我们获取知识的途径，例如，直接影响知识的来源，间接影响我们获取知识的动机。强大的数字能力是否足以确保知识的公平获取？教育机构是否应该更积极地加强（数字）社会之间的联系？如果是，该如何实现？

人工智能：数据库体量足够大是否就不会出错？

从洞穴壁画到印刷术，人类记录和传播对世界的认知的能力不断增强。数字化是这一历史中最新的一步。随着我们上网时间的增加，我们留下的数字足迹（在社交媒体、智能设备或传感器上）正在以前所未有的规模被收集、整理和分析。人工智能系统被用于改善农业、卫生、市场营销和刑事司法等不同领域的决策，并越来越多地被用于实现这些领域决策的自动化。虽然强大的算法引发了道德、透明度、问责制和隐私等方面的问题，但人机协作可能会为我们解决面临的最大挑战带来转机。在教育方面，数字化和人工智能有望通过个性化教学来支持高质量教育。

图3.3　我们的数据世界

注：2018—2022年的数据为预测数据。

来源：Sumits, A. (28 August 2015), "The History and Future of Internet Traffic", Cisco blogs, https://blogs.cisco.com/, and Cisco (2016; 2017; 2018), "Cisco Visual Networking Index: Forecast and Methodology", https://www.cisco.com/.

StatLink ▦▦▱ https://stat.link/u5lihg

科学研究中的观测、商业贸易中的会计系统和政府工作中的人口普查,有力地证实了数据长期以来如何推动社会中的知识创造和价值创造。在21世纪,我们产生和收集数据的能力正在飞速提升,每个在线行为都会产生可以被收集和分析的数据痕迹。1984年,全球互联网流量为每月15吉字节(GB, 10^9字节),2001年超越了艾字节(EB, 10^{18}字节)级别,2017年超越了泽字节(ZB, 10^{21}字节)级别。然后,我们对交易、生产和通信过程的数据进行分析,从而催生了新的产品、流程、组织方法和市场。

然而,并不是说我们要弄清楚这些海量的数据。人工智能系统越来越多地帮助我们浏览大量非结构化数据,并从中提炼模型。数据驱动的预测减少了不确定性,并为决策提供了信息。例如,通过个人信息分析来改进医疗诊断和广告推送。人工智能系统使用越来越复杂和自动化的统计工具进行分析。这引起了人们对机器判断的道德问题和公平性问题的关注。如果算法依赖的数据是糟糕的或有偏颇的,那么由此产生的信息和决策也会如此。

有关人工智能的研究在不断增加:过去40年里,与人工智能相关的研究出版物数量一直在稳步增长。21世纪以来,这一增长急剧加速:2000—2021年,相关出版物数量从不到10万种(篇)增加到超过55万种(篇),其中美国、欧盟和中国的相关出版物占到70%以上。这项研究显示了巨大机遇,但同时也揭示了风险和存在的问题。

要实现人工智能增强人类能力的承诺,例如让教师腾出时间来进行个性化教育,就需要有效处理人工智能相关的风险。然而,如果使用机器智能最终就是将所有认知过程外包出去,即将吸收信息和为我所用的过程外包出去,那么就会带来更大的关于人类自主能力的问题。

1980—2021年全球人工智能研究顶级出版者的相关研究出版物数量

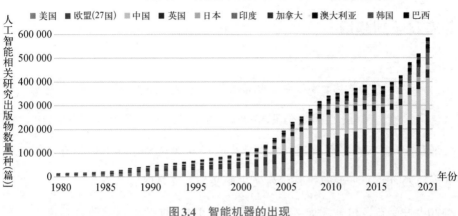

图3.4　智能机器的出现

来源：OECD. AI (2021), "AI Publication Time Series by Country" (indicator), OECD.AI Policy Observatory Live Data, https://oecd.ai/ (accessed 6 December 2021).

StatLink https://stat.link/3ew1h5

对教育的启示

- 教育正变得越来越数字化和"数据化"。与数据所有者/经纪人（例如数字平台和服务）相比，这对具体地区的执行者（例如学校领导和教师）的决策权意味着什么？公立和私立教育机构之间的权力关系是否会发生转变？

- 教育决策中正越来越多地使用人工智能系统，例如学生评价和学生分配入学等。到目前为止，这些结果的有效性和公平性如何？我们有没有在审查这些算法？在哪些情况下应优先进行人为干预？

- 在帮助学生了解人工智能的优势、风险、威胁和机遇方面，教师的作用是什么？这一课题应该如何融入教师教育和教师的专业发展？

拓宽科学的疆域

　　科学是一项集体性的、需要积累且可以自我纠正的事业。科学发现之所以值得信赖,并不是因为它们没有争议,而是因为它们是开放审查的,可以被验证和修改,从而得到改进。撤销已发表的论文是科学界内部拥有确保论文质量的能力的一个例子。科学研究中确实会存在不端行为和无心之过。在过去20年中,虽然相对来说这种情况依然很少见,但是被撤销的科学论文数量有所增加。但是科学不只是一个封闭的商店:数字技术逐渐扩大了不同利益相关者对科学出版物和数据的获取和参与。这些努力旨在不断提高科学产出的质量、完整性和合法性。拓宽科学的疆域可以加速将科学发现转化为新的思想和产品的过程,从而产生社会效益和经济效益。

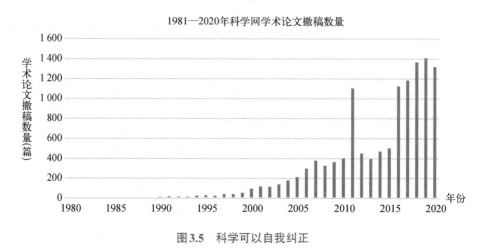

图3.5　科学可以自我纠正

来源: Sharma, K. (2021), "Team Size and Retracted Citations Reveal the Patterns of Retractions from 1981 to 2020", *Scientometrics*, Vol. 126/10, pp.8363‒8374, https://doi.org/10.1007/s11192-021-04125-4.

科学的可靠性取决于其方法。与此同时,从无心之过到直接欺骗,科学研究中确实存在一些不端行为,包括过分夸大结果、数据捕捞、部分发表和数据造假等。一项涵盖由科学网(Web of Science)索引的12 000多篇论文的研究发现,被撤销的论文数量从2000年的不到200篇增至2020年的1 300多篇。然而,在同一时期,科学产出大幅增加,相对较少的作者不成比例地承担了较多的撤稿数量。

科学出版物的撤销既证明了错误的发生,也证明了科研界拥有识别和纠正错误的途径。科学合作可能有助于防止不端行为的发生,因为没有哪个论文作者希望自己的名字与不正当行为联系在一起。2001—2019年,越来越多的期刊刊登了至少一篇文章公开其审稿人的身份和/或其对文章的审稿报告,在此期间,此类期刊的数量从38种增至600多种。这一定程度表明了学术透明度的提高和问责制的完善。

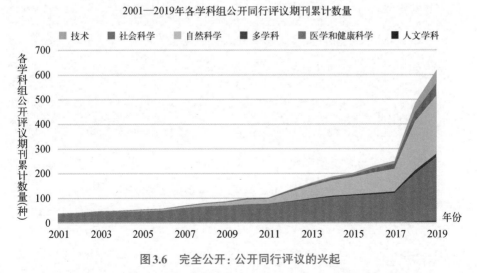

2001—2019年各学科组公开同行评议期刊累计数量

图3.6　完全公开:公开同行评议的兴起

来源:Wolfram et al. (2020), "Open Peer Review: Promoting Transparency in Open Science", *Scientometrics,* Vol. 125, pp.1033−1051, https://doi.org/10.1007/s11192-020-03488-4.

StatLink https://stat.link/g9joxy

公开同行评议期刊是数字化使科学更加开放和负责的一种体现。学术论文和博客文章等其他形式的科学交流的开放获取可以让思想以较低的成本和更快的速度得到传播。另外,研究数据的开放获取促进了研究的可重复性,提高了结果的可验证性,推动了以进一步研究和达成教育目的为目标的数据再利用。

除此之外,数字技术使得各种社会参与者(公民、民间社会团体、行业决策者和政策制定者)都能参与科学活动,这些活动涉及议程的制定、合作生产的研究、科学信息的传播以及科学学习。

对教育的启示

- 直接参与学术研究可以扩充学习者的科学知识并加强对科学身份的认同吗?全民科学可以用于树立榜样,鼓励更多女性参与到科学、技术、工程和数学教育中吗?科学素养是民主社会的基本需求吗?

- 开放获取、大数据和人工智能正在改变科学生产和应用的方式。数据密集型科学需要哪些数字技能?教育和培训方面需要哪些改革?

- 教育机构产生了越来越多关于其学生的数据。所有这些数据是否应该与不同的利益相关方(例如学生、家长、媒体)更加公开地共享?这对师生关系、家校关系和其他关系会产生什么影响?例如,如果家长能密切监控孩子在学校的日常生活,会有哪些利弊?

知识治理

应对气候危机和全球经济治理等复杂的挑战,需要建立在准确分析和理解基础上的政治意愿和妥协。换言之,这需要可靠的知识。在整个OECD成员国中,作为寻求更多知识和创新的一部分,研究与开发活动正在增多。例如,研究人员的数量在过去30年中稳步上升。同时,各国政府继续将大量资金用于公共和私营部门的研究和创新。但越来越多的人开始关注如何利用这种投资来建设有弹性和可持续的经济和社会。促进相关的教育研究和推广有效的创新实践也是提高教育质量的关键。

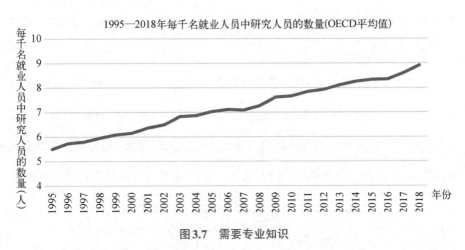

图3.7 需要专业知识

注:更多关于不同部门研究人员分布的详情,见OECD 2021年主要科技指标(数据库),
https://stats.oecd.org/。

来源:OECD (2021), *Main Science and Technology Indicators* (database), https://stats.oecd.org/
(accessed on 15 July 2021).

StatLink https://stat.link/yvx19j

有人说,知识就是新的金矿。过去30年,从事研究活动的人数稳步上升。2018年,OECD每千名全职员工中,平均有9人致力于新知识的创造,而1995年,这一数字还不到6。

2018年,在OECD成员国中,企业员工占这一研究队伍的60%以上,而在政府机构工作的不到10%(近年来这一比例一直在下降)。学术界的研究人员也是这一研究队伍的重要组成部分,尽管不同国家学术界研究人员占比不一。

例如,2018年,在英国,他们占所有研究人员的50%以上,在墨西哥约为40%,在欧盟和土耳其为30%以上,在韩国为10%。

在分散的市场经济中,企业扮演着研究和创新的关键角色。同时,公共资金在塑造创新的范围、性质和方向方面已经并将继续发挥重要作用。近年来,政府已经改变了资助企业研发开支的方式(BRED),开始越来越依赖提供税收激励等间接资助方式,而不是发放研发津贴等直接资助方式。在OECD成员国中,税收激励约占2018年政府对企业研发支持总额的56%,而2006年这一比例只有36%。

这种转变的驱动因素包括国际贸易、竞争规则以及以下共识,即人们普遍认为,较之政府,企业能够更好地决定投资哪些项目。但是,这些趋势可能正在发生变化:近年来,政府一直在战略性地推动和引导私人企业到最需要的领域去创新,鼓励私人企业承担有风险的研发,尽管他们并不总是愿意承担这样的风险。

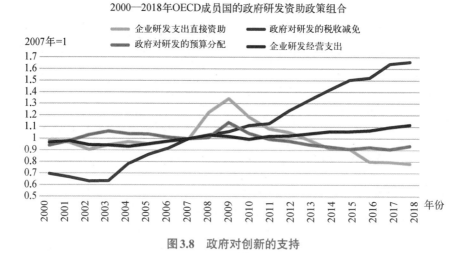

2000—2018年OECD成员国的政府研发资助政策组合

图3.8　政府对创新的支持

注:表中涵盖37个OECD成员国的数据(详见原始资料)。

来源:OECD (2021), *OECD Science, Technology and Innovation Outlook 2021: Times of Crisis and Opportunity*, OECD Publishing, Paris, https://doi.org/10.1787/75f79015-en.

对教育的启示

- 我们如何才能促进与政策和实践相关的教育研究的产出？我们怎样才能促进相关研究成果的应用？知识经纪人的工作是保障证据的质量，以及为决策者和实践者转述研究成果，他们在其中扮演着什么角色？
- 不同的执行者（例如私人的或公共的）、制度激励（例如"出版或出局"）和不同的关系（例如等级、网络、信任）将如何提升学术研究的质量？我们如何才能最好地支持高质量教育研究的产出？
- 从经验中获得的智慧对良好的教学至关重要。学校评估和教师评估等知识管理工具在多大程度上考虑并利用了这些种隐性知识和技能？

对权力说真话

正确的政治决策依赖于良好的信息。然而，专家们并不总是同意这一说法，特别是在处理复杂、快速变化的现象，且还没有获得强有力的证据时。这时，民主打出了一张王牌：容忍和阐述不同意见使民主能够掌握集体的智慧并进行学习。民主就像科学一样，是可以自我纠正的。当权者的行为以及他们所依赖的知识都可以被公开讨论且接受公众的监督。信息自由法和公民审议程序的兴起日益成为行使民主的公民权利的关键。这有助于维持政府工作的透明度和公平性，保障公民对可能缺乏事实依据或服务于特殊利益的

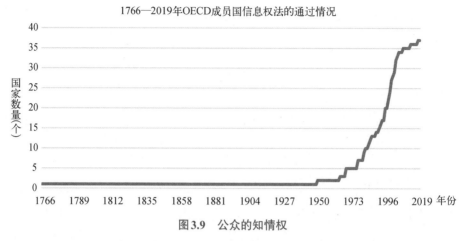

图3.9　公众的知情权

注：每一次计数都代表一个国家及其一系列的信息权法。例如，瑞典在1766年首次通过了这类法律，数字记录为1，1951年芬兰紧随其后，这一数字增至2。

来源：RTI Rating (2019), *Historical Data on Country RTI Rating Scores, 2019,* https://www.rti-rating.org/.

StatLink 📊 https://stat.link/p4sfk7

决定提出质疑的权利，并在这一过程中改善政策的成果。这些趋势对教育意味着什么？

公民身份不仅仅是写在护照上的字眼，也可以被积极行使，行使的基础是包括言论自由和选举权在内的公民的权利和自由。在知识型社会，"知情权"是重要的附加支柱。信息自由法是指公众有权获得政府掌握的信息的法律，这并不新奇。瑞典的《新闻自由法》可以追溯到1766年。

然而，直到1946年，联合国才承认信息自由是言论自由这一基本权利的组成部分。两年后，信息自由成为《世界人权宣言》的一部分。尽管国际上信息自由法的深度和广度各不相同，但承认"知情权"的OECD成员国数量从1950年只有瑞典一个增加到2019年的37个。

近来，越来越多的人呼吁公民直接参与政策制定过程，审查现有证据，讨论并商定可能的解决办法。其典型代表是代表协商程序。它包含公民大会、陪审团和专家组等形式,允许随机选择具有广泛代表性的公民小组,在了解一定信息的基础上,向公共当局提出政策建议。在过去40年里,代表协商程序变得越来越普遍。特别是在处理那些与价值观相关、需要权衡、要求提供长期解决方案的议题的时候,代表协商程序有助于调动知识,达成共识,构建合法性。此外,代表协商程序可以提高公民的政治效能感和公民参与度。

关于代表协商程序,最近的例子有法国公民气候公约(French Citizens' Convention on Climate, 2019—2020年)或爱尔兰公民大会(Irish Citizens' Assembly)。后者旨在解决性别平等和堕胎等社会争议性问题(2016—2018年和2020年)。教育有助于培养人们参与协商政治和社会所必需的基本知识、批判性思维以及沟通技巧和态度。

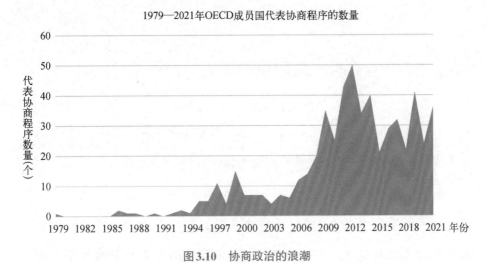

1979—2021年OECD成员国代表协商程序的数量

图3.10　协商政治的浪潮

注:本图涵盖OECD成员国和欧盟成员国的数据,横跨多年的程序按其完成年份记录(永久持续的程序除外)。

来源:OECD (2021), *OECD Database of Representative Deliberative Processes and Institutions* (database), https://airtable.com/ (accessed 3 December 2021).

StatLink　https://stat.link/yjm2vo

对教育的启示

- 更多的知识会引发更多行动吗？如果会，那是什么样的行动？教育系统应如何应对知识与价值相结合的难题？通过利益竞争？是否应该在公民教育中教导（不一定是倡导）公民反抗？

- 提倡尊重不同意见和讨论的课堂文化是否更有利于学习？如果是这样，学习者是否有时间和空间来形成和表达自己的观点？在教育机构中，学生、教师和教授可以犯错吗？

- 教育中的政策共同制定（例如，在代表协商程序中）的潜力有多大？通过吸纳代表性不足的群体的声音，是否能提高证据质量、包容性和公众信任度？

知识、权力和教育的未来会如何？

趋势能让我们思考当前模式对未来可能意味着什么。但是，我们又该如何看待未来15—20年可能出现的新模式、新冲击和新惊喜呢？

本节以"OECD关于学校教育未来的图景"为基础，鼓励读者思考发展如何与教育联系起来，并以多种方式演变。以下两个小插曲描述了未来可能会发生的故事，读者也可以根据需要改编或创作新的故事。其后列出了一些关于教育的关键问题，以及一系列可能以意想不到的方式影响教育和学习的潜在冲击和意外。关于每个图景的描述，见本书第11—12页。

■图景1　　■图景2　　■图景3　　■图景4

起初，没人把它当回事。现在，它却引起了一场媒体风暴。短短两天内，"逃学"这个词条就在PikPok和Instamash上被提及数百万次。"老实说，多年来我们陆续在教室里安装摄像头、可穿戴设备和其他监控工具，令人震惊的是，逃学让每个人都倍感意外，"社会学教授奎恩 (Quynh) 在接受采访时说道。追踪学生状况一直是政策的重点之一，区政府优先考虑收集有关学生社交情况和情绪状态的实时数据，用以改善学习和教学。奎恩教授继续说："事实是，本地和国际调查研究都表明，学生对学校的不满程度越来越高。"她总结道，"当然，出勤率和参与度都很重要，但到目前为止，似乎很明显，这种解决问题的方法比问题本身更糟糕。"

埃里 (Eri) 看着镜子里的自己，深吸了一口气。这是她在最高委员会 (Supreme Council) 担任新职务的第一天，一切都要恰到好处。该委员会的职责是保障代际问责制，而埃里的专长是审查算法中的偏见。已有明确的证据表明，学校在21世纪20年代做出的看似无害的选择，无意中减少了最弱势群体的机会，包括"智能"平台 (但最终并不那么智能)，有限的互通性，有偏见的教学方法……

"难怪学校都消失了！"她想，"我14岁了，我绝对不会再为过去的错误买单！"她挺直了背。她不只是为自己着想，也是对后代负责。

2040年，情况会截然不同

学历、社会化、看护和资格认证可能会随未来趋势的不同而有所不同。

到2040年，以下事物的变化可能会如何影响教育的目标和功能？

* 开放的知识；
* 大数据和人工智能；
* 变化的民主和公共机构。

 对教育的期望是什么？

不断变化的价值观、科学和技术塑造了学习。

在2040年……

* 正规学习和非正规学习仍有区别吗？
* 学习者对自己的学习有多少主动权？
* 人工智能系统在多大程度上渗透到教育中？它们是如何渗透的？目的何在？

 如何处理空间、内容、时间与各种关系？

 谁来实施教育？在什么条件下实施教育？

到2040年……

* 教学活动和资料的多样性是否会增加？
* 教学是基于专业标准还是更加开放？
* 幼儿园、中小学和大学等教育机构是否仍以实体形式存在？

谁对什么负责？对谁负责？

利益相关者对教育的看法不同，对决策的影响力也不同。在2040年……

* 政府、市场和公民社会的作用是什么？
* 决策是否透明？它是否具有包容性？
* 地缘政治环境以何种方式影响教育和学习的供给？

冲击和意外

即使我们拟定了最完美的计划，未来也总会出乎我们的意料。如果这些冲击成为现实，对教育和学习意味着什么？你能看出其他潜在干扰出现的迹象吗？

无国籍的数字公民身份

通过数字身份和相关技术（例如数字支付），社区可以点对点地提供传统上由国家提供的服务。

深度伪造

能够令人信服地操纵视听内容的能力已经很普遍，完全虚构的视频、叙述和图像也已司空见惯。

我们是同类？

人工智能和其他非人类智能现在被视为公民，可以进行投票或对公共利益做出选择。

数字战争

国家或非国家行为者对数字基础设施（如互联网海底电缆）发动的网络攻击威胁到安全、健康和民主本身。

了　解　更　多

相关文献

- Cisco (2018), "Cisco Visual Networking Index: Forecast and Methodology, 2017–2022", Cisco, https://www.cisco.com/.

- Cisco (2017), "Cisco Visual Networking Index: Forecast and Methodology, 2016–2021", Cisco, https://www.cisco.com/.

- Cisco (2016), "Cisco Visual Networking Index: Forecast and Methodology, 2015–2020", Cisco, https://www.cisco.com/.

- ICNL (2021), COVID-19 Civic Freedom Tracker, https://www.icnl.org/covid19tracker/.

- OECD. AI (2021), "AI Publication Time Series by Country" (indicator), OECD. AI Policy Observatory Live Data, visualisations powered by JSI using data from MAG, https://oecd.ai/ (accessed 6 December 2021).

- OECD (2021), *ICT Access and Usage by Households and Individuals* (database), https://stats.oecd.org/ (accessed on 15 July 2021).

- OECD (2021), *Main Science and Technology Indicators* (database), https://stats.oecd.org/ (accessed on 15 July 2021).

- OECD (2021), *OECD Database of Representative Deliberative Processes and Institutions* (database), https://airtable.com/ (accessed 3 December 2021).

- OECD (2021), *OECD Science, Technology and Innovation Outlook 2021: Times of Crisis and Opportunity*, OECD Publishing, Paris, https://doi.org/10.1787/75f79015-en.

- OECD (2020), "Building Digital Workforce Capacity and Skills for Data-intensive Science", *OECD Science, Technology and Industry Policy Papers*, No. 90, OECD Publishing, Paris, https://doi.org/10.1787/e08aa3bb-en.

- OECD (2020), *Innovative Citizen Participation and New Democratic Institutions: Catching the Deliberative Wave*, OECD Publishing, Paris, https://doi.org/10.1787/339306da-en.

- OECD (2020), *The Digitalisation of Science, Technology and Innovation: Key Developments and Policies*, OECD Publishing, Paris, https://doi.org/10.1787/b9e4a2c0-en.

- OECD (2019), *Artificial Intelligence in Society*, OECD Publishing, Paris, https://doi.org/10.1787/eedfee77-en.

- OECD (2019), *Measuring the Digital Transformation: A Roadmap for the Future*, OECD Publishing, Paris. https://doi.org/10.1787/9789264311992-en.

- OECD (2015), *Data-driven Innovation: Big Data for Growth and Well-being,* OECD Publishing, Paris, https://doi.org/10.1787/9789264229358-en.

- RTI Rating (2019), *Historical Data on Country RTI Rating Scores, 2019*, https://www.rti-rating.org/.

- Rubio, F. D., and P. Baert (Eds.) (2012), *The Politics of Knowledge*, Routledge, London.

- Sharma, K. (2021), "Team Size and Retracted Citations Reveal the Patterns of Retractions from 1981 to 2020", *Scientometrics*, Vol. 126/10, pp.8363–8374, https://doi.org/10.1007/s11192-021-04125-4.

- Sumit, A. (28 August 2015), "The History and Future of Internet Traffic", Cisco blogs, https://blogs.cisco.com/.

- Wikimedia (2021), *Pages to Date, All Wikis*, https://stats.wikimedia.org/ (accessed on 6 December 2021).

- Wolfram et al. (2020), "Open Peer Review: Promoting Transparency in Open Science", *Scientometrics*, Vol. 125, pp.1033–1051, https://doi.org/10.1007/s11192-020-03488-4.

术语表

算法（algorithm）：一套用于特定任务的计算或操作指令，特别是用于计算机。它既可以是简单的过程，比如两个数字相乘，也可以是复杂的过程，比如播放一个压缩的视频文件。例如，搜索引擎运用算法，在使用相关性等标准的条件下，以特定的顺序显示特定查询得到的搜索索引结果。

人工智能系统[artificial intelligence（AI）system]：基于机器的系统，可以针对一组给定的人类定义的目标，做出影响现实或虚拟环境的预测、建议或决策。

公民身份（citizenship）：个人正式的法律地位、政治地位以及归属感。它包括对影响个人福祉的问题提出要求的权利和义务。

数据（data）：事实和观察的集合。

数据捕捞（data fishing）：一种数据滥用现象，即执行多次统计测试，只报告那些有显著结果的数据。

数据化（datafication）：用机器可读的数字格式呈现社会和自然世界。

民主（democracy）：允许公民参与决策和讨论的政治制度。政治家通常是由公民在自由和公平的选举中选出的，进而担任人民的代表。

数字素养（digital literacy）：在一个日益通过互联网和智能手机等数字技术进行交流和获取信息的社会中生活和工作所需要的能力。

数字化（digitalisation）：使用数字技术、数据以及两者之间的相互关联，进而带来新的活动或改变现有活动。

信息自由法（freedom of information laws）：一种允许公民获取公共部门所持有的信息和数据的法律，旨在保障政府运作的最大透明度和责任制，鼓励信息的再利用，并产生社会和经济价值。

信息（information）：有意义的数据集合。信息为数据添加了语境，人们可以通过诸如写作或教学等共享它。

知识（knowledge）：在了解信息的意义的情况下保留的信息，包括通过经验、学习、熟悉、联想、意识和/或理解获得的信息。

市场经济（market economy）：一种经济体系，在这种体系中，商品和服务被制造、销售和共享，价格由供需平衡决定。

公开同行评议期刊（open peer review journals）：公开文章审稿人身份和/或文章评审报告的学术期刊。

部分发表（partial publication）：不发表或仅部分发表通过复制研究来验证研究所需的完整数据集或研究材料。

研究与开发（research and development, R&D）：私营和/或公共部门开展的研究和创造性工作，目的是开发新产品、新技术和新服务，增加知识储备并使用这些知识设计新的应用程序。

研发津贴（R&D grants）：为资助研究与开发活动向个人或企业提供的财政支持，通常由政府发放。

代表协商程序（representative deliberative processes）：一个随机选择的具有广泛代表性的群体花大量时间学习和合作，通过有促进作用的商谈，为政策制定者提供集体的建议。

研究人员（researchers）：从事新知识、新产品、新过程、新方法和新系统的构思或创造以及相关项目管理的专业人员。

　　被撤销的科学论文（retracted scientific publications）：在最初发表后从期刊上撤回的文章。撤稿是经过出版物编委会决定后发布的。

　　税收激励（tax incentives）：一种政府措施，旨在通过减少个人和企业必须支付的税款来鼓励他们消费或节省开支。

　　《世界人权宣言》（Universal Declaration of Human Rights）：联合国大会通过的一份肯定个人权利的文件，如生命权和免于奴役的权利。

　　维基百科（Wikipedia）：免费的多语言在线百科全书，由志愿者群体通过开放合作的模式进行编写和维护。

第四章

身份与归属

在一个全球化和数字化的世界，旧机构的约束力正在下降，新型的身份和归属方式正在崛起。教育有助于满足不同学习者及社区的需求，同时培养他们的全球竞争力。本章将通过以下五个主题来探讨这些问题。

➤ **走自己的路**：研究传统机构的衰落和个人主义的崛起。

➤ **这个世界并不大**：探讨国家内部的多样化和多边合作。

➤ **说出你的想法**：强调公民和政治参与模式的变化。

➤ **人人为我，我为人人**：展示性少数群体（LGBTI+）和残疾人的权利和机会是如何演变的。

➤ **关于我们的众多资料**：研究数字平台在身份和社区形成中的作用。

这些趋势通过一系列问题和情景与教育及其未来建立联系。本书也讨论了新冠疫情近期和长期潜在的影响。

本章概述及新冠疫情的影响

　　了解我们是谁以及我们归属何处,是人类发展的一个基本方面。在一个全球化和数字化的世界,个性和选择愈发定义着我们的生活,而社群也在不断趋于多样化。在许多国家,像宗教和民族这样的传统约束力正在下降。然而,与此同时,新的合作方式和归属方式正在崛起。一些以前被边缘化的群体正在发声和找寻他们的社群。新的政治运动和多边合作的扩大让人们——以及国家——基于共同的价值观和事业走到一起。而虚拟世界以一种全新的方式促进人们对个人身份和群体身份进行探索和表达。然而,这些发展带来了相

身份与归属

走自己的路
社会机构在不断个人化的世界中发挥着什么作用?

这个世界并不大
我们正如何在国内以及多边体系中变得多元化?

说出你的想法
公民的兴趣、行为以及需求在如何变化?

人人为我,我为人人
在反对歧视和社会排斥的斗争中,我们走到哪一步了?

关于我们的众多资料
数字化世界正如何影响我们探索和发展身份的能力?

应的困境和风险。在教育方面，关键的挑战包括满足不同学习者的需求，创造当地归属感和公民意识，同时培养面向21世纪的全球竞争力。

身份、归属与新冠疫情

新冠疫情提醒我们，即使拟定了最完美的计划，未来也总会出乎我们的意

我们是否会继续进行越来越多的虚拟社交？

在新冠疫情暴发期间，为了满足人们疫情期间的需求，数字平台和手机游戏数量不断增长，电子游戏的销量也因此激增。许多首次加入的玩家把电子游戏作为在封控期间寻找社交渠道和娱乐的一种方式。

（左侧标注：**加速**）

2019—2020年全球电子游戏销量的增长

全球电子游戏收益（十亿美元）

+ 7.4%　　+ 19.6%

180　130　80　30　-20

2019　2020

■ 手机游戏　■ 电脑游戏　■ 单机游戏

International Data Corporation (IDC) cited in Witkowski (2021), https://www.marketwatch.com.

孩子们的情况如何？

新冠疫情加剧了现有的困境，如贫穷和家庭压力，以及新孤儿和基本无人看护的儿童的"隐性大流行"。这对他们的幸福和生活状况将产生什么样的长期影响？

（左侧标注：**转向**）

从2020年3月1日到2021年4月30日

全球有超过100万名儿童经历了主要照顾者的离世，包括至少一名父母或拥有孩子监护权的祖父母的离世。超过150万人——外加40万人——经历了至少一名主要或次要照顾者的离世。

OECD (2020), https://doi.org/10.1787/2e1f3b2f-en; Hillis et al. (2021), https://doi.org/10.1016/S0140-6736(21)01253-8.

艺术的未来会如何？

艺术提供了美感、娱乐和聚会的场所。文化产业作为艺术的雇主和赞助商，是经济发展的重要组成部分。它们还提供了让我们可以审视自己和我们周围世界，一起讨论、反思并学习的方法。

（左侧标注：**突破**）

疫情前，全球范围内博物馆的数量一直在增长

1975　2012　2020

22 000座　59 375座　104 000座

84%的博物馆在疫情期间暂时关闭，10%的博物馆可能因经济困难而永远不会重新开放了。

UNESCO (2021), https://unesdoc.unesco.org/.

料。趋势可以加速、转向或者突破。随着疫情冲击的消退,围绕这些转变的长期影响,一些悬而未决的重要问题浮出水面。

走自己的路

长期以来,从古代的仪式到中世纪的行会,基于传统的制度和实践一直有助于知识的传播和社群的建立。它们有助于让身份、共同的价值观和规范成为现实。近几十年来,许多主要社会机构已经衰落,其约束力也在下降。平均而言,现在宗教对人们的重要性不如前一代人,工会密度也只是50年前的零头。今天,习俗、信仰和隶属关系更容易引起争议,也更容易选择。这对身份和归属感意味着什么? 它对平等意味着什么? 教育可以帮助个人社会化,形

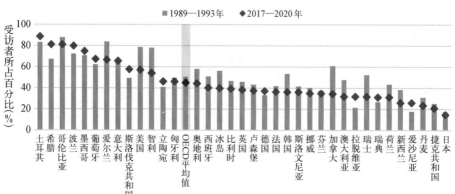

图4.1 你是信徒吗?

注: OECD平均值是指36个OECD成员国的平均值。如果不能获得各国同一年份的数据,则使用其最接近年份的数据(完整信息见StatLink)。

来源: OECD基于《世界价值观调查》(*World Values Survey*)和《欧洲价值观调查》(*European Values Survey*)的计算数据。

StatLink 🔗 https://stat.link/hk2qmy

成共同的规范和价值观,同时提供追求学习和幸福所需的积极身份认同和自主能力。

传统上,宗教是社会的核心,但对许多OECD成员国的公民来说,宗教正变得不再重要。自20世纪90年代初以来,整个OECD中认为宗教在生活中很重要的人数平均下降了6%。这个平均值掩盖了巨大差异。希腊的宗教信徒增长了14%,爱沙尼亚、拉脱维亚、波兰和斯洛伐克共和国增长了8%—11%,但与智利、爱尔兰、瑞士和美国18%或更大幅度的下降相比,这种增长显得微不足道。在此期间,加拿大的下降幅度最大,高达27%。

然而,各国的宗教信仰存在巨大差异:在土耳其和哥伦比亚,80%或更多的人仍然认为宗教是重要的,但在日本,只有14%的人持有这样的观点。这些文化转变主要源自人员和思想的流动性的增加、信息和通信技术的传播,以及个人主义价值观的崛起。传承下来的社会习俗和信仰在今天更容易被辩论、解释和成为个人的选择。

社会和其他机构在其他方面也在减弱。例如,1978—2019年,OECD的工会密度从39%下降到16%。然而,整体下降掩盖了实质性差异。2019年,工会密度在冰岛接近91%,在爱沙尼亚则为6%。

北欧国家的工会密度一直保持在60%或以上,而其他国家,如智利、德国、日本、土耳其和美国的工会密度水平通常较低,现在维持在17%或更低。

在后工业社会,身份不再那么固定于工会或雇主等职业关系,甚至不那么固定于特定的职业。个人自由和选择越来越成为核心范式,学习者建构的身份影响着他们与自己和他人的关系,影响着他们的学习、幸福和未来的志向。教育机构和专业人员在支持学习者成长为健康、负责任和有爱心的人和同伴方面发挥着一定的作用。

图4.2　工人的选择权

注：这些数据基于估值。有关本图计算的更多细节，请参阅下面的原始资料。
来源：OECD (2021), "Trade Unions: Trade Union Density", *OECD Employment and Labour Market Statistics* (database), https://doi.org/10.1787/data-00371-en (accessed on 25 August 2021).

StatLink https://stat.link/7honfr

对教育的启示

- 学生的身份和背景（如家庭经济社会文化地位、性别）影响学业成绩和志向。教育机构如何在鼓励积极和有抱负的学习身份的同时，接受学生本来的身份，帮助他们与自己和谐相处？

- 教育机构是独特的社会机构，在鼓励共同身份和支持学生做最好的自己/了解自我方面都发挥着作用。教育机构如何在鼓励积极的、共同的价值观的同时，也能助力学习者个人需求的满足和发展？

- 教师是否正在失去传统权威？我们可以如何重新构想师生关系和学校的纪律制度？

这个世界并不大

　　几个世纪以来,民族国家组织了超越部落和家庭规模的社区,并通过共同的归属感促进了彼此间的信任。最近,全球化和本地化力量的双重加速限制了"想象中的社区"的约束力。在各国内部,稳定的移民潮使人口和社会变得多样化,让文化变得更加丰富,也带来了经济发展机遇。在国外,由于各国政府面临不平等、气候变化等日益复杂的全球问题,多边组织激增,这反映了国际合作的稳步增长。教育系统的首要任务依然是为不同背景的学生提供适当的资源和支持。教育应在培养学生应对多样化和全球化未来所需的能力方面发挥作用。

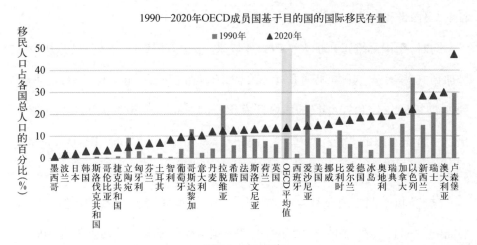

图4.3 家,新家

　　注:表中使用了年中数据。除以下国家外,图中数据都是指非本土出生人口所占比例:捷克共和国、日本和韩国是基于外国公民的数量;哥斯达黎加、以色列、韩国、墨西哥和土耳其的数据还包括难民和寻求庇护者的预估数。详见StatLink。

　　来源: UNDESA (2020), *International Migrant Stock 2020*, *UNDESA Population Division* (database), https://www.un.org/development/desa/pdf(accessed on 20 September 2021).

StatLink ﷽ https://stat.link/qhte0b

从地方到国家再到超国家层面，政治和文化社区正在变得多样化，跨国联系正在加强。侨民对跨国投资、贸易和创新以及文化交流都做出了贡献。

1990年以来，OECD成员国的国际移民存量从总人口的9%增至近14%。2020年初，全球约有2.81亿人居住在原籍国之外。在OECD内部，永久移民主要源于劳动力的迁移、自由流动区（如欧盟）内流动性的增加和家庭团聚。

尽管像土耳其这样的国家出现了引人注目的移民潮，但永久的人道主义移民，例如那些获得庇护的移民，只占2019年永久移民总数的11%。然而，这些平均数掩盖了国家之间明显的差异。虽然这一时期非本土出生人口在卢森堡增长了17%，在冰岛增长了15%，但在波罗的海国家和以色列却减少了，在日本、墨西哥和波兰几乎没有变化。

同时，跨国网络正在扩大。1944年以来，多边发展组织的数量已经从9个增加到180多个。这种扩张经历了多个阶段，从最初战后国际开发银行的重建到20世纪60年代和70年代的区域开发银行的建立。从20世纪90年代开始，出现了特定部门的"垂直型基金"，例如全球环境基金（Global Environmental Facility）和疫苗联盟（the Vaccine Alliance）。

与此同时，国际公民社会也在成长。例如，世界野生动物基金会（World Wildlife Fund）从在瑞士、英国和美国开展第一场运动扩张为项目延及100个国家。综合来看，这些趋势反映了更多的合作，但有人担心这也预示着更多的分裂，这些分裂将限制我们应对气候变化等全球挑战的能力。教育可以为学习者发展强大的全球竞争力提供支持，帮助公民跨越文化和社会差异，为解决我们共同的全球挑战做出贡献。

图4.4 我们同舟共济

注：本图数据代表接受OECD信用报告系统（CRS）资助的多边发展组织的数量。

来源：OECD (2020), *Multilateral Development Finance 2020*, OECD Publishing, Paris, https://doi.org/10.1787/e61fdf00-en.

StatLink https://stat.link/a791ob

对教育的启示

- 随着社会更加多样化，通过开放和适当的多元文化互动与他人建立联系越来越重要。教育如何在社会中促进对不同文化观点和世界观的理解、包容和欣赏？

- 如今，越来越多的移民是临时的或循环的，而不是永久性的。这对教授公民权利和身份事宜意味着什么？对教育规划和实施又有什么影响？

- 传统上，学校系统是基于国家模式和身份的。随着学校教育变得日益数字化，会不会出现一个国际学校系统？或者，你能想象学生在一个不同于自己国家的公共学校系统注册上学吗？

说出你的想法

公民身份是一种法律地位，也是一种归属，在这种归属中，每个人都是自身幸福的代理人。近几十年，许多国家衡量公民参与度的传统标准（如选民投票率）已经降低，这引起了人们对公民的淡漠和不满的担忧。实际情况真是这样的吗？今天，公民似乎正以新的方式理解和体验政治：这种方式更加个人化和非正式，超出了传统机构和地理边界。同时，人们更强烈地要求在公共辩论中纳入更多的声音，如年轻公民的声音。教育的作用是引导社会期待，这种期待指向儿童应该成为什么样的公民。公民身份意味着什么，以及哪些教育实践有助于实现公民身份，仍然是界定教育目的和手段的核心问题。

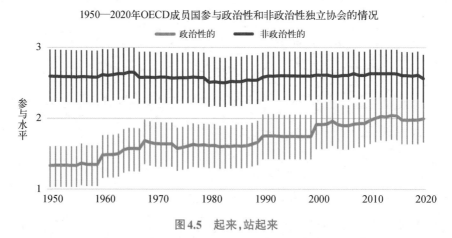

1950—2020年OECD成员国参与政治性和非政治性独立协会的情况

图 4.5 起来，站起来

注：本图显示每年至少参加两次独立协会的会议、活动或事件的人口比例。根据多位专家的评分，回答打分介于0（几乎没有人）和4（四分之一的人口或更多）之间。竖线代表估计值的置信区间。详情见StatLink。

来源：Coppedge et al. (2021), "V-Dem Dataset v11.1", Varieties of Democracy Project, https://doi.org/10.23696/vdemds21.

近几十年来，许多OECD成员国的政治参与指标都有所下降，如选民投票率，这表明公民对共同的政治机构的参与度越来越低。同时，公民参与政治性独立协会（那些寻求影响政治事务方向的协会，如环境保护团体或性少数群体权利团体）的水平在过去70年里有所上升，接近体育俱乐部或文学社等非政治性协会的参与水平。

在以政府为中心，围绕工会和政党等组织的传统行动之外，各种各样的新型公民参与形式正在出现。越来越多的公民脱离机构组织，在更加灵活和松散的网络中，以非正式的方式（通常是以数字化和全球化的方式），更加个性化和个人化地表达他们的声音（例如，有政治意识的消费行为）。

除公民参与外，民主国家还面临这样的问题：谁的声音能被听到，其他人是否应该被考虑在内。青年的声音是一个重要例子：平均而言，在整个OECD中，投票年龄在20世纪就已经稳步下降。2010年，平均最低投票年龄首次跌破18岁。2007年，在OECD成员国中，奥地利成为首个赋予其16岁和17岁公民全国选举投票权的国家。

关于投票年龄的辩论只是更广泛的民主问题的冰山一角：当代人正在做出的决定影响长远。那些没有发言权、需要依赖于人的主体，如人类后代、动物和植物，如何影响我们的决策？

这不是学术性论点：个人有机会通过教育表达自己的意见，积极参与社区活动，是公民参与的衡量指标。此外，教育在培养负责任的公民方面发挥关键作用：公民意识到他们的行为会带来后果，并能据此感同身受地采取行动。

图4.6　从校园到投票箱

注：本图显示的是人口加权后的OECD平均值。

来源：Coppedge et al. (2021), "V-Dem Dataset v11.1", Varieties of Democracy Project, https://doi.org/10.23696/vdemds21.

StatLink ▤▤▤ https://stat.link/xqeo32

对教育的启示

- 在更加分散的社会中，领导人弥合差距和建立联盟的能力不仅是必要的，而且是需要不断发展的。公民是否足够重视其领导人的这种能力？教育是否应该帮助他们做到这一点？如果是的话，应该怎样做？需要什么样的能力才能做到？

- 教育组织和教学实践如何增强内聚力和团体凝聚力？学生的发声和参与情况如何？在你的教育系统中，这些在评估教育质量方面是否重要？

- 知识和技能与个人的政治自我效能感水平、对机构和其他公民的信任度以及投票的可能性呈正相关。在你们教育系统的优先事项中，培养学习者的"学习兴趣"及其"学会学习"的能力处于多高的位置？

人人为我,我为人人

人权是普适的,不可剥夺的。然而,许多人因为自己的身份或被外界认定的身份遭受歧视。对种族、背景、性别、残疾或性取向有害的社会观点和偏见仍然存在,阻碍着许多人充分参与生活的各个方面。在过去几十年里,各国政府加大力度打击歧视,倡导和保护普适人权。有两个例子可以说明我们的社会正变得更具包容性,一是保护性少数群体权利的法律条款有所增加,二是残奥运动的发展。在教育方面,识别和应对产生歧视和劣势的各种个人情况和社会背景,是确保所有人都能获得、接受、适应和负担得起教育的关键第一步。

1979—2019年OECD成员国法律上对性少数群体的包容性的演变情况

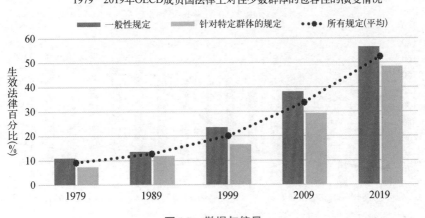

图4.7　傲慢与偏见

注:法律上对性少数群体的包容性(legal LGBTI inclusivity)是指在国际人权标准框架内定义的一套基本的性少数群体相关法律中,某个国家的现行法律数量(截至2019年)。更详细的信息请参阅StatLink。

来源: OECD (2020), *Over the Rainbow? The Road to LGBTI Inclusion*, OECD Publishing, Paris, https://doi.org/10.1787/8d2fd1a8-en.

StatLink 🔢 https://stat.link/okhqbu

不符合传统观点的性取向、性别表达或性特征往往被误解、不被重视或成为禁忌。性少数群体可能在家庭、社区和工作场所遭受歧视、边缘化和侵害。这可能会影响其心理和身体健康、教育和劳动成果及其日后的人生成就。

为了解决这个问题，许多国家已经采取法律措施来保障性少数群体的权利。这些措施包括防止歧视和暴力的一般性规定，以及针对特定群体的规定，如将同性伴侣关系合法化或不再将跨性别身份视作一种疾病。

在20世纪70年代末，所有OECD成员国颁布的此类措施不足10%。到2019年，这一比例上升到50%以上，其中加拿大、法国、荷兰和葡萄牙提供包容性法律行动的平均比例最高。OECD成员国中最为常见的包容性法律是一般性的反歧视规定，其次是专门针对男女同性恋和双性恋群体的规定，专门针对跨性别者和间性者群体的条款平均较少。

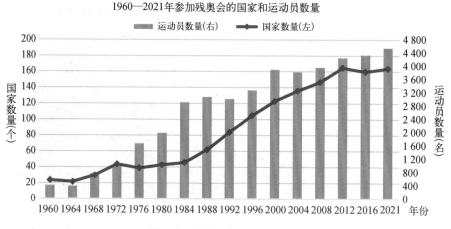

图4.8 跨越难关：体育与残疾

来源：Maueberg-deCasto, Campbell and Tavras (2016), "The Global Reality of the Paralympic Movement: Challenges and Opportunities in Disability Sports", Motriz: Revista de Educação Física, Vol.22/3, Universidade Estadual Paulista, Sao Paulo, https://doi.org/10.1590/S1980-6574201600030001; International Paralympic Committee (n.d.), Tokyo 2020 Paralympic Games, https://www.paralympic.org/ (accessed on 24 August 2021).

StatLink 🔢 https://stat.link/1ctq80

确保社会对所有人的包容性推动了残奥运动的举行,该运动旨在通过体育提高残疾人的社会地位。自20世纪60年代以来,残奥会以及更广泛的残疾人运动,在挑战世界各地对残疾人的刻板印象和歧视方面发挥了关键作用。2021年,163个国家和4 537名运动员参加了东京残奥会,与1960年23个国家和近400名运动员参与罗马残奥会形成鲜明对比。

在教育领域,包容性既涉及公正,也涉及平等。了解不同的背景和身份(如性别、社会阶层)如何共同构成劣势,消除排斥产生的动因(如态度、物理障碍),对于提供一个所有个体都能平等地承认彼此的空间至关重要。

对教育的启示

- 何种学校层面的干预措施、合作关系和服务(如资源配置、与家庭和社区的沟通、咨询服务、数字技术)可以帮助教师更好地满足学生的不同需求?协助他们完成从求学到工作的过渡?

- 教师队伍的多样性往往不如学生构成的多样性。教育系统如何才能招聘和留住来自不同背景的教师?需要哪些政策?需要排除哪些障碍?

- 教育机构的基础设施是否足以满足贵国教育系统中所有学生(包括拥有不同学习、认知和身体能力的学生)的需求?非正规学习对所有人来说都是可获得的和具有包容性的吗?如果不是,教育机构可以如何帮助做到这点?

关于我们的众多资料

　　数字通信技术让我们不仅能够以新的方式建立联系，而且能以新的方式构建、演绎和展示我们的身份。过去，我们所处的地理位置和身体固定了我们的身份和关系，而现在，我们可以创建虚拟形象，以适应任何目的，并随地与任何人分享这些。社交媒体和基于兴趣的平台已经呈指数级增长，允许用户使用大量工具来发展他们的网络，获得支持，表达自己，尝试想要的身份，并且进行选择性自我呈现。然而，这些机会也带来了关于安全、透明度以及探索和操纵之间的界限问题。教育系统必须学会更好地利用这些新机会，同时也要帮助个人学会以合乎伦理和负责任的方式参与到数字化环境中。

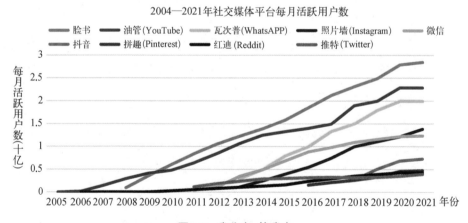

图4.9　我分享，故我在

注：每月活跃用户指的是活跃账户，可能不等同于独特的个体。

来源：基于公司年度报告的OECD计算数据；Ortiz-Espina (18 September 2019), "The Rise of Social Media", Our World in Data, https://ourworldindata.org/(accessed on 16 September 2021); Iqbal, M. (13 May 2021), https://www.businessofapps.com/; Sherman (24 August 2020), https://www.cnbc.com/; Statista (2021), https://www.statista.com/.

StatLink https://stat.link/sictlv

社交媒体的爆发已经成为一种现象。自2004年聚友（MySpace）首次突破100万用户以来，各个社交媒体平台的每月活跃用户（MAU）在2021年已经增至46.6亿。仅脸书用户就从2008年的1亿增至2020年的28亿以上。油管（YouTube）和瓦次普（WhatsApp）现在各自拥有超过20亿每月活跃用户。

这些用户可能是一个拥有许多账号的个体，因为社交媒体以及更广泛的数字空间的独特特征，这些账号很容易变成多重身份。除了单纯的别名或重复的账户，减少的线索，如有限的图像、选择性的书面信息，或非同步性，使用户能够控制他们的自我呈现并尝试新角色。从图像滤镜到数字头像，社交媒体提供了一系列修改、隐藏或创造特征的方法。

互联网允许用户追求共同的兴趣，甚至创造职业，这进一步促进了多重身份。直播网站老鼠台（Twitch）允许用户实时拍摄和分享他们的活动，主要是视频游戏。它已经从2012年的平均每月30万名主播发展到2021年的884万名以上。

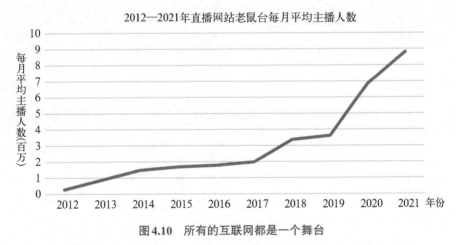

图4.10　所有的互联网都是一个舞台

注：平均数包括每月至少直播一次的所有流媒体频道。

来源：Twitchtracker (2021), www.twitchtracker.com; Iqbal, M. (16 September 2021), "Twitch Revenue and Usage Statistics (2021)", https://www.businessofapps.com/.

StatLink 🖩🖳 https://stat.link/mseqfw

社交媒体使人们跨越地理、社会和年龄的鸿沟聚集在一起，进而帮助实现社会网络的多样化。这使人们能够找到新的亲密群组，或测试个人身份中有风险的方面。然而，它也可能为欺骗和滥用打开大门，如诈骗、网络欺凌或恶意评论。社交媒体往往会模糊现实和表演之间的界限，例如，网红和网络主播调整他们的人设以吸引观众和广告收入。

教育如何帮助培养有道德的、知情的和宽容的数字一代？教育机构和专业人员如何参与到这一数字现实中？

对教育的启示

- 随着技术不断渗透到我们的日常生活中，数字身份和实体身份日益交织在一起。教育如何促进对福祉如此重要的身份和归属感的发展？在这一不断变化的背景下，会出现什么机会和风险？

- 有关儿童数字技术使用的公共政策和社会措施（如禁令、时间限制）并不总是与证据相符。学校和教师如何传播循证的最佳做法？如何帮助学生和家庭培养数字技能和适应力？

- 在学生学习中，技术给教师的自主权和领导权带来了哪些机会和风险？在你们的系统中，关于技术采购和平台的决策是如何做出的？如何将教师（和其他学校层面）的声音和选择纳入其中？

身份、归属和教育的未来会如何？

趋势能让我们思考当前模式对未来可能意味着什么。但是，我们又该如何看待未来15—20年可能出现的新模式、新冲击和新惊喜呢？

　　本节以"OECD关于学校教育未来的图景"为基础，鼓励读者思考发展如何与教育联系起来，并以多种方式演变。以下两个小插曲描述了未来可能会发生的故事，读者也可以根据需要改编或创作新的故事。其后列出了一些关于教育的关键问题，以及一系列可能以意想不到的方式影响教育和学习的潜在冲击和意外。关于每个图景的描述，见本书第11—12页。

■ 图景1　　■ 图景2　　■ 图景3　　■ 图景4

　　"嘟嘟嘟！"本 (Ben) 高兴地喊道。莱昂诺拉 (Leonora) 叹了口气。她一直在督促这个2岁的孩子用人类语言而不是机器的声音来交流。莱昂诺拉是一位经验丰富的早教专家。这不是她第一次看到一个坚持像机器人一样行动的孩子。她在员工会议上提出了这个问题，但到目前为止，她的问题仍未被认真对待。"别太担心了！"他们说，"他会长大的。"但也许现在情况会有所不同。放学后，莱昂诺拉正与老师和年轻人的家长会面，他们也选择认同非人类智能。"首先，我们要弄清楚这有多普遍，"莱昂诺拉说，"然后是它对孩子的发展意味着什么。"她无奈地笑了笑，"也许它没有那么糟糕。如果他们的学习目标来自人工智能，学业发展肯定不会受到影响！"

　　对朱莉 (Julie) 来说，生活技能 (Life Skills) 在过去一年里一直是有益之物。"生活技能"——现在是11.1版——是一个软件，承诺培养她一些所需的基本技能，以便她在所在地区获得一份体面的工作。但朱莉不太关心工作，她更关心的是她终于到了可以独自待在家里的年龄。她的母亲负担不起家教，所以朱莉被迫在当地的学习中心学习，虽然也是麻烦重重。"他们取笑我身上的每一个地方，"朱莉回忆道，"但我已经受够了。现在我自由了。"从今天起，朱莉将在家里学习，她可以按照自己的意愿设计她的数字学习头像，所以没有人可以看到她的真实面貌！"我已经受够了！"登录电脑时，她再一次自言自语道。

2040年，情况会截然不同

学历、社会化、看护和资格认证可能会随未来趋势的不同而有所不同。

到2040年，以下事物的变化可能会如何影响教育的目标和功能？

* 全球化和人类流动；
* 社会多样性和凝聚力；
* 虚拟和现实生活中的身份。

对教育的期望是什么？

不断变化的价值观、科学和技术塑造了学习。

在2040年……

* 需要什么类型的能力来支持身份和归属？如何最好地学习这些能力？
* 教育制度化到了什么程度？对公平有什么影响？
* 是否有新的结构用于代际交流、指导和相互学习？

 如何处理空间、内容、时间与各种关系？

谁来实施教育？在什么条件下实施教育？

到2040年……

* 教学活动和资料的多样性是否会增加？
* 教学是基于专业标准还是更加开放？
* 幼儿园、中小学和大学等教育机构是否仍以实体形式存在？

谁对什么负责？对谁负责？

利益相关者对教育的看法不同，对决策的影响力也不同。在2040年……

* 政府、市场和公民社会的作用是什么？
* 决策是否透明？它是否具有包容性？
* 地缘政治环境以何种方式影响教育和学习的供给？

冲击和意外

即使我们拟定了最完美的计划，未来也总会出乎我们的意料。如果这些冲击成为现实，对教育和学习意味着什么？你能看出其他潜在干扰出现的迹象吗？

身份堆叠
每个人都有多种身份，包括仿生和其他增强元素，他们用这些元素来表达自己和融入社会。

默认为多语种
人工智能的突破使得实时翻译在没有人为干预的情况下成为可能。

民主衰退
当权联盟与民间社会团体联系密切。这个联盟一方面声称代表"人民"，另一方面却剥夺了许多人的人权。

孤独，但不寂寞
大脑植入物规避了孤独感，而社会隔离已成为一种理想状态。

了 解 更 多

相关文献

- Borgonovi, F. and T. Burns (2015), "The Educational Roots of Trust", *OECD Education Working Papers*, No. 119, OECD Publishing, Paris, https://doi.org/10.1787/5js1kv85dfvd-en.

- Coppedge et al. (2021), "V-Dem Dataset v11.1", Varieties of Democracy Project, https://doi.org/10.23696/vdemds21.

- European Values Study (2021), "EVS Trend File 1981–2017", GESIS Data Archive, Cologne, ZA7503 Data File Version 2.0.0, https://doi.org/10.4232/1.13736.

- Giddens, A. (1999), *Runaway World: How Globalisation Is Reshaping Our Lives*, Profile Books, London.

- Haerpfer, C., et al. (eds.) (2021), "World Values Survey Time-Series (1981–2020), Cross-National Data-Set", JD Systems Institute and WVSA Secretariat, Madrid and Vienna, Data File Version 2.0.0, https://doi.org/10.14281/18241.15.

- International Paralympic Committee (n.d.), Tokyo 2020 Paralympic Games, https://www.paralympic.org/ (accessed on 24 August 2021).

- Iqbal, M. (16 September 2021),"Twitch Revenue and Usage Statistics (2021)", https://www.businessofapps.com/.

- Maueberg-deCasto, Campbell and Tavras (2016), "The Global Reality of the Paralympic Movement: Challenges and Opportunities in Disability Sports", Motriz: Revista de Educação Física, Vol. 22/3, Universidade Estadual Paulista, Sao Paulo, https://doi.org/10.1590/S1980-6574201600030001.

- OECD (2021), *International Migration Outlook 2021*, OECD Publishing, Paris, https://doi.org/10.1787/29f23e9d-en.

- OECD (2020), *Governance for Youth, Trust and Intergenerational Justice: Fit for All Generations?*, OECD Public Governance Reviews, OECD Publishing, Paris, https://doi.org/10.1787/c3e5cb8a-en.

- OECD (2020), *Multilateral Development Finance 2020*, OECD Publishing, Paris, https://doi.org/10.1787/e61fdf00-en.

- OECD (2020), *Over the Rainbow? The Road to LGBTI Inclusion*, OECD Publishing, Paris, https://doi.org/10.1787/8d2fd1a8-en.

- OECD (2019), *Society at a Glance 2019: OECD Social Indicators*, OECD Publishing, Paris, https://doi.org/10.1787/soc_glance-2019-en.

- OECD (2021), "Trade Unions: Trade Union Density", *OECD Employment and Labour Market Statistics* (database), https://doi.org/10.1787/data-00371-en (accessed on 25 August 2021).

- Ortiz-Espina (18 September 2019), "The Rise of Social Media", Our World in Data, https://ourworldindata.org/ (accessed on 16 September 2021).

- Schulz, W. et al. (2017), *Becoming Citizens in a Changing World: IEA International Civic and Citizenship Education Study 2016 International Report*, IEA, Amsterdam.

- Thijssen, P., et al. (Eds.) (2015), *Political Engagement of the Young in Europe: Youth in the Crucible*, Routledge, New York.

- UNDESA (2020), *International Migration 2020 Highlights, UNDESA Population Division* (database), New York, https://www.un.org/development/desa/pd (accessed on 20 September 2021).

- UNDESA (2020), *International Migrant Stock 2020, UNDESA Population Division* (database), New York, https://www.un.org/development/desa/pdf (accessed on 20 September 2021).

术语表

 自主能力（agency）：个人独立行动和做出自由选择的能力。

 非同步性（asynchronicity）：多种中介通信固有的时间延迟，使个人能更好地控制他们构建的信息。

 公民参与（civic engagement）：通过政治和非政治进程提高社区生活质量的方法。

 残疾人运动（disability sports）：残疾人——包括身体残疾者和智力残疾者——从事的运动。

 歧视（discrimination）：给予不同类别的人，尤其是不同种族、年龄、性别或残障程度的人，不公正或有偏见的待遇。

 排斥（exclusion）：个人无法充分参与经济、社会、政治和文化生活的状态，以及导致和维持这种状态的过程。

家庭团聚（family reunification）：允许外国人入境与家人团聚，因为他们是接受国民或永久居民的直系亲属，或是公民的外国未婚夫/妻或公民在外国收养的子女。直系亲属的定义因国家而异，但一般包括有关人员的配偶和未成年子女。

非本国出生人口（foreign-born population）：一个国家的非本国出生人口是指所有以该国为常住国，但出生地位于另一个国家的人。

分裂（fragmentation）：社会与其部分成员组成的团体失去联系或缺乏联系。

自由流动区（free movement areas）：取消国家之间的边境管制，允许人们因工作、休闲、居住等原因自由流动的区域。典型例子包括欧洲联盟的申根区（the Schengen Area）和西非的西非经济共同体（ECOWAS）。

全球竞争力（global competence）：一种多维的能力，包括：（1）研究具有地方、全球和文化意义问题的能力；（2）理解和欣赏他人的观点和世界观的能力；（3）参与公开、适当和有效的跨文化互动的能力；（4）采取行动促进集体福祉和可持续发展的能力。

人道主义移民（humanitarian migrants）：已获得庇护和某种保护（如难民身份）的人或通过庇护程序以外的方案得到重新安置的人。

人权（human rights）：属于世界上每个人从出生到死亡的基本权利和自由。

网红（influencer）：能够影响其在社交媒体账户上的追随者的行为和意见，尤其是激发人们对某种趋势、产品或事业的兴趣的人。因为推广公司的产品，网红经常从这些公司获得报酬（免费产品或薪酬）。

包容性（inclusion）：通过增加机会，改善对资源的获取，提高话语权，加强对权利的尊重，来改善参与社会的条件，特别是对处境不利的人。

个人主义价值观（individualistic values）：赞成个人独立、自力更生和自我实现高于社区、社会或国家利益的价值观。

国际移民存量（international migrant stock）：在某一特定时间点出现在某一目的地国的已改变其常住国的总人数。它既包括永久的非本国出生人口，也包括临时人口，如学生和跨境劳工。

法律上对性少数群体的包容性（legal LGBTI inclusivity）：一个司法管辖区在多大程度上颁布了支持女同性恋者、男同性恋者、双性恋者、跨性别者和间性者权利的法律措施。这些法律措施包括一般规定，如保护免受歧视和暴力的规定，以及针对特定群体的规定，如平等对待同性和异性间两相情愿的性行为的规定。

直播（live-streaming）：数字流媒体同时录制和实时播放。

边缘化（marginalisation）：将特定群体降至社会更低层或外缘的复杂过程。

移民潮（migration flows）：在一个特定时期，通常是一个公历年，进入或离开一个特定国家的移民数量。

每月活跃用户（monthly active users，MAUs）：过去一个月内访问社交网站的独立用户数量。指的是活跃账户，可能不等同于独特的个体。

多边发展组织（multilateral development organisation）：一个由三个或更多国家组成的组织，致力于解决与其中每个国家相关的问题。

非政治性独立协会（non-political independent associations）：包括所有主要目的不是改变国家或社会层面的政策或做法的社团，如体育俱乐部和文学社团。如果一个组织不受国家或执政党的控制，并且成员是自愿加入的，那么它就被认为是独立的。

政治性协会（political associations）：包括所有以改变国家或社会层面的政策或做法为主要目的的社团。它不包括政党或工会。

积极的身份认同（positive identities）：自尊、自我概念和自信心的要素，使个人能够在社会环境中感到拥有个性和归属感，学习和获得能力，并获得情感上的幸福。

减少的线索（reduced cues）：与面对面的交流相比，数字交流中感官信息和一般信息的缺乏。它可以是任何东西，包括从视频通话中有限的身体语言和非视听输入信息，到聊天中的有限背景信息和数字档案中有限的细节信息。

区域开发银行（regional development banks，RDBs）：为其区域内中低收入国家的发展提供财政和技术援助的多边机构。

选择性自我呈现（selective self-presentation）：创造数字艺术品的过程，在此过程中，对现实世界中的自我进行精心选择的呈现或表达。

残奥运动（the Paralympic movement）：一项始于1948年的运动，旨在促进残疾运动员的健康、残疾人的权利和社会融合。

工会密度（trade union density）：工会净会员人数（即不包括非劳动力、失业者和个体经营者）在雇员人数中的比例。

恶意评论（trolling）：指故意在网上发布含有攻击性或挑衅性的帖子，旨在让某个（些）人感到难过或者激怒他（们）。

侵害（victimisation）：伤害或剥削某人的行为。

选民投票率（voter turnout）：在选举中实际投票的有资格的选民所占百分比。

第5章

不断变化的自然

纵观历史，我们与自然界的联系发生了深刻变化。教育在促进我们与自己和周围环境建立健康且可持续发展的关系方面，可以发挥关键作用。本章将通过以下五个主题来探讨这些问题。

➢ **再无第二个地球**：强调我们消耗自然资源的速度是不可持续的。

➢ **自然世界**：探讨在城市人口日益增多的情况下，保护自然生态系统需要付出的努力。

➢ **发人深思的食品**：讨论食品生产和消费方面的趋势。

➢ **我们的身体**：研究医学和人体增强技术方面的进展。

➢ **没有人生活在网络空间**：强调数字通信的增长和现实的发展，但也提醒我们，拥抱的表情符号并不等于拥抱。

这些趋势通过一系列问题和情景与教育及其未来建立联系。本书也讨论了新冠疫情近期和长期潜在的影响。

本章概述及新冠疫情的影响

随着生活变得愈加虚拟化，我们需要重新考虑我们与实体世界和实体自我的关系。我们目睹了气候变化带来的影响：地球正在变暖，海平面正在上升，我们熟悉的季节正在慢慢消失。热浪和野火正日益使处于夏季的地区成为"禁区"。爱护我们的星球与人类的福祉存在内在关联。而且，不仅是在全球范围内，即便在一个无接触的社会，我们也不能忘记身体触碰和面对面接触的好处。米开朗琪罗说："触摸就是赋予生命。"这句话后来得到科学的验证：当人们从头到脚轻轻抚摸早产儿，他们的体重会增加。教育可以促进培养我

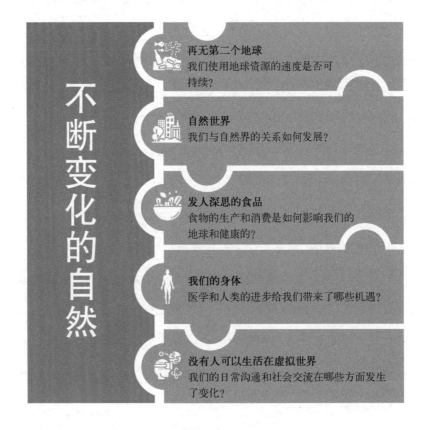

不断变化的自然

再无第二个地球
我们使用地球资源的速度是否可持续？

自然世界
我们与自然界的关系如何发展？

发人深思的食品
食物的生产和消费是如何影响我们的地球和健康的？

我们的身体
医学和人类的进步给我们带来了哪些机遇？

没有人可以生活在虚拟世界
我们的日常沟通和社会交流在哪些方面发生了变化？

们与自己的身心、与他人、与自然界的良好关系。

不断变化的自然与新冠疫情

新冠疫情提醒我们，即使拟定了最完美的计划，未来也总会出乎我们的意

加速

我们会将城市改造得更加可持续、更具韧性以及更宜居吗？

疫情暴发后，世界上许多城市改造了城市空间，优先考虑支持非机动车交通的干预措施，如临时自行车专用道、免费自行车共享使用、电动自行车补贴和交通缓和措施。一些城市现在正在考虑将这种应急基础设施变成永久性的固定设施。

巴黎修建了29千米的临时性自行车专用道和4千米的交通缓和街道。

布鲁塞尔修建了一条25千米的自行车专用道，一条23千米的交通缓和道路，实施了5千米的汽车禁令和20千米/小时的速度限制。

墨西哥城修建了54千米的新自行车专用道。

Nikitas et al. (2021), https://doi.org/10.3390/su13094620.

转向

我们能在地球的资源能力范围内生活吗？

地球超限日标志着我们对自然资源的需求超过了地球在任何特定年份所能提供的日子。虽然1970年我们是在12月达到地球最大供量，但现在我们在7月就已经超过了。由于新冠疫情带来的封控，2020年的地球超限日推迟了，但收益是短暂的。我们能否建立可持续的消费习惯来改变或扭转这一趋势？

1970—2021年的地球超限日

Global Footprint Network (2021), https://www.overshootday.org/.

突破

实际距离是否会继续存在？

Zoom季度收入(百万美元)

Zoom (2021), https://zoom.us/.

那么远……却这么近？

面对多次封控和其他社交隔离措施，像Zoom这样的在线平台实现了一种新的虚拟团结。虚拟的快乐时光、休息时间和体育锻炼课程等都出现在我们的日程表上。哪些虚拟互动实践将持续下去？数字化会挑战非数字化吗？

料。趋势可以加速、转向或者突破。随着疫情冲击的消退,围绕这些转变的长期影响,一些悬而未决的重要问题浮出水面。

再无第二个地球

地球是宇宙中唯一已知孕育了生命的地方(至少目前是如此)。已知最古老的化石距今约35亿年。一些发现表明,地球上的生命甚至可能出现得更早。尽管大自然物资丰富,但也存在局限性。目前人类对自然资源的消耗超过了地球的承载能力,我们目前处于"生态负债"之中。我们需要偿还我们对地球造成的伤害,包括土壤侵蚀,大气中二氧化碳的激增——这需要当代和未来几代人付出巨大代价。在培养绿色环保技能和理解采取紧急行动以确保长

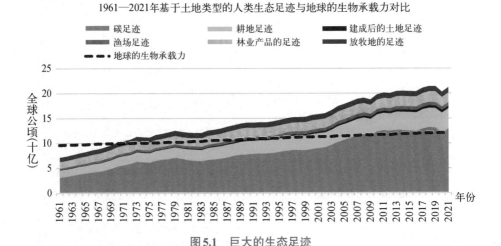

图5.1 巨大的生态足迹

注:1961—2017年的数据为历史数据;2018—2021年的数据为预测数据。

来源:Global Footprint Network(2021), *National Footprint and Biocapacity Accounts*, 2021 edition, https://data.footprintnetwork.org; Lin, D., L. Wambersie and M. Wackernagel (2021), "Estimating the Date of Earth Overshoot Day 2021", *Global Footprint Network*, https://www.overshootday.org/content/uploads/2021/06/Earth-Overshoot-Day-2021-Nowcast-Report.pdf.

StatLink https://stat.link/notb20

期可持续性的重要性方面,教育是关键。

几个世纪以来,人类一直在改造地球的面貌。1970年以来,人类的生态足迹就不断超过地球的生物承载力。2021年,人类的生态足迹超出其生物承载力的70%,这意味着在全球范围内,我们以仿佛拥有1.7个而不是1个地球的可用资源的标准在生活。消耗率因国家而异:例如,美国的消耗量相当于它有5个地球的可用资源,法国有3个,哥伦比亚略高于1个。平均而言,OECD成员国对资源的消耗相当于它们有3个以上地球的可用资源。

地球超限日标志着人类在某一年对自然资源的需求超过了该年地球的生物承载力。1970年的地球超限日是12月30日,2021年的则是7月29日。人类消耗资源和自然界满足我们需求的能力之间的这种差距不能无限期地持续下去。除非我们的足迹变小(或找到另一个可居住的星球),否则资源将最终耗尽,所有人类将不得不付出代价。

碳足迹是增长最快的部分,也占据着我们生态足迹中最大的份额——目前占60%,全球与能源相关的二氧化碳排放量在2019年达到历史最高点,超过33吉吨(Gt[①]),是1900年排放量的11倍以上。

2020年大气中二氧化碳的排放量达到了有史以来最高的年平均浓度——比工业革命开始时高出约50%。全球变暖、干旱严重、海平面上升、天气极端化、野火增加、食物和水供应中断只是其中的一些后果。如果按照目前的趋势发展,这个可怕的后果清单预计会越来越长。教育是转变这一进程的关键:一方面,教育可以通过研发系统开发技术解决方案;另一方面,教育可通过课堂教学为学生赋能,使之有能力采取行动来对抗全球气候变化。

---

① 1 Gt=1吉吨=10亿吨。——译者注

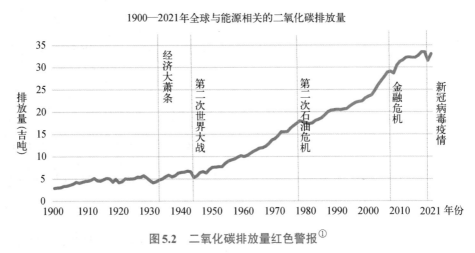

图5.2　二氧化碳排放量红色警报[①]

来源：IEA (2020), *Global Energy Review 2020*, IEA, Paris, https://www.iea.org/reports/global-energy-review-2020; IEA (2021), *Global Energy Review 2021*, IEA, Paris, https://www.iea.org/reports/global-energy-review-2021.

StatLink 📊 https://stat.link/q5yaev

对教育的启示

- 年轻人在多大程度上意识到他们的日常决定与可能的长期后果之间的关联？这种后果不是只由他们自己承担，而是由整个社会承担。教育系统如何支持这种认识以及为改变现状而做出的行为改变？

- 气候变化导致的极端天气事件（如热浪和洪水）如何影响教育系统？五年或十年后会怎样？哪些学校教育安排（如日程表、工作计划表）和资源（如基础设施、交通）需要调整？

[①] 英文原文为CO2de Red，应是比较巧妙的文字游戏，将CO_2和Code Red复合为新词CO2de Red。——译者注

● 气候变化会如何影响你所在国家教育系统中存在的不平等现象？你希望它们增加、减少或转移吗？可以做些什么来减少目前和预期的不平等现象？

自然世界

从古至今，大自然的镇定和治愈能力都被详细地记载下来了。然而，随着城市空间的扩张和人口的增长，自然空间正在缩小。生物多样性正在加速丧失，25%的动植物正面临物种灭绝的威胁。为了修复我们与自然之间已经恶化的关系，我们不断地在陆地上和海洋中设立保护区。除此之外，城市也在慢慢变得更加绿色，屋顶花园、城市养蜂和城市农场等各种事物的涌出，既能保

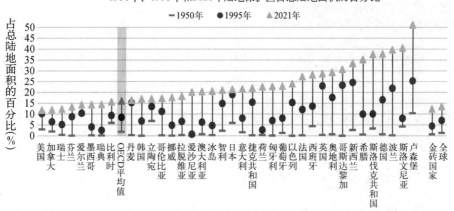

1950年、1995年和2021年陆地保护区占总陆地面积的百分比

图5.3　自然第一

注：OECD平均值包括除土耳其之外的所有OECD成员国的数据，因为土耳其的数据并未提交。金砖国家包括巴西、俄罗斯、印度、印度尼西亚、中国和南非。

来源：OECD (2021), *Protected areas* (dataset), https://stats.oecd.org/ (accessed 14 July 2021).

StatLink ᠁᠁ https://stat.link/tpvg6i

护生物多样性,又能保障城市居民充分接触大自然的机会。考虑到花时间在户外与大自然接触对健康和成长十分重要,教育将如何促进学习者和自然世界的联系呢?

世界正面临第六次物种大灭绝事件。1970年以来,哺乳动物、鸟类、爬行动物、两栖动物和鱼类的数量平均下降了68%。目前有100万种动植物濒临灭绝。生物多样性的持续下降影响深远,包括从加速气候变化、威胁粮食和用水安全,到增加传染病暴发的可能性。

为解决这一问题,各方共同努力划定了陆地和海洋保护区。从1950年到2021年,陆地保护区面积已经增长了9倍多,现在平均占OECD成员国土地面积的16%。已有27个OECD成员国履行了《生物多样性公约》的"爱知目标",也就是至少17%的陆地区域受到保护。除了陆地上的自然空间得到保护,海洋区域自然空间的保护也取得一定进展。从2000年到2021年,海洋保护区的面积从仅占总面积的3%增至21%以上。然而,各国在自然保护的程度和有效性方面仍存在很大差异。

越来越多的人生活在城市中。1975年以来,城市人口从15亿增至超过35亿。这一增长预计将持续下去,到2050年将增至50亿;与此同时,城镇和农村地区的人口比例预计将继续下降。但未来不只是灰色的:为了将绿色空间纳入城市结构,全新且有创造性的方法也正在开发当中,包括屋顶花园、垂直森林、口袋公园、城市养蜂和城市农业。

绿色城市空间好处众多,可以改善空气质量,保护生物多样性,助力城市保持凉爽。这些绿色空间还有助于为城市中心注入活力,为娱乐和社交互动提供空间,同时也可能减少社交孤立。让学生在学校菜园里亲手种植食物,在学校推行减少食物浪费和堆肥的活动,可以帮助城市居民重新与大自然建立联系。教育、户外学习和每日与大自然接触是帮助学生茁壮成长的关键,同时也可以让他们了解、重视我们的自然世界并与之一起成长。

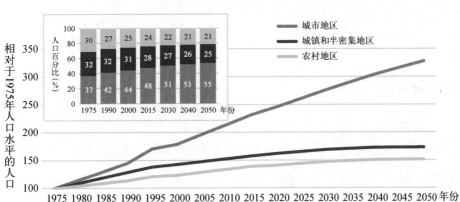

1975—2050年基于城市化程度的全球人口变化(1975年人口数=100)

图5.4　城市丛林

注:1975—2015年为历史数据,2016—2050年为预测数据。
来源:OECD/European Commission (2020), *Cities in the World: A New Perspective on Urbanisation*, OECD Urban Studies, OECD Publishing, Paris, https://doi.org/10.1787/d0efcbda-en.

StatLink https://stat.link/m2fzti

对教育的启示

- 经常与大自然接触对学习和健康有很多好处。教育系统如何才能确保这些好处能惠及所有学生,包括那些在人口最密集的城市中心的学生?需要什么样的合作关系、资源和教学方法?你可以在虚拟环境中体验大自然吗?还是说,这本身就是一个矛盾的说法?

- 教育机构内部及其周围环境是否总是健康的,或者说,是"自然的"?城市规划、设计和监管如何帮助确保教育机构及其社区的安全和健康?

- 在农村地区和多年级学生混合的教室(典型的小型农村学校)进行教学,是不是所有教师职前和在职教育的一部分?这是否有助于提高城市教师的教学水平,同时帮助吸引和留住农村教师?

发人深思的食品

今天,人类面临"三重挑战":确保全球粮食的安全和营养,维持食物链中数百万人的生存,应对农业带来的环境压力。然而,我们不仅在不断超出土地的承载力,还吃着更多不健康的精加工食品。农业生态学和智能耕种等创新系统和技术的发展旨在加强食品体系的可持续性,在保护和强化自然资源基础的同时,促进土地的有效利用。但是,我们能够抑制对超加工食品的热爱吗?在保障所有学生都

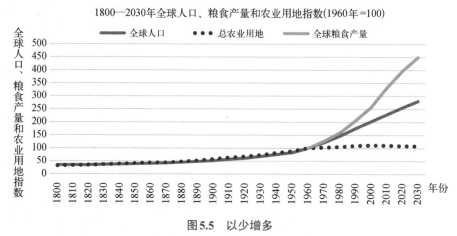

图5.5 以少增多

注: 2020—2030年为预测数据。粮食产量数据从1960年开始。农业用地数据包括农作物用地和牧场的数据。

来源: OECD (2021), *Making Better Policies for Food Systems*, OECD Publishing, Paris, https://doi.org/10.1787/ddfba4de-en.

StatLink ⬛SL https://stat.link/36ulsd

能获得营养均衡的饮食方面,教育发挥着一定的作用。通过提高人们对食物生产和消费所带来的社会和环境影响的认识,教育还可以促进人们健康素养的发展。

在过去几百年里,人口快速增长,农业用地的开发和利用也随之发展。然而,农业用地不仅面积有限,还是导致森林退化、栖息地消失、土壤侵蚀和与农业有关的温室气体排放的主要原因。1960年以来,食品生产和土地利用逐渐解绑,食品产量增加了三倍多,而农业用地的面积仅增长了10%—15%。这种解绑最初是通过更密集地使用化肥、杀虫剂和灌溉用水等生产资料实现的。20世纪90年代以来,食品产量的增长逐渐因效率和生产力的提高而加快。

虽然还不是万全之策,但可以替代密集型农业的选择已经出现,例如,保护性农业、农业生态学和数据驱动的精准农业。这些方法都致力于继续提高粮食生产能力,同时也有助于改善环境的可持续性。

食品体系的工业化和全球化加快了人类食品中超加工食品的增长。新的食品生产和加工技术实现了远距离运输,延长了食品的保质期,甚至产生了全新的产品类别,如可用微波炉加热的爆米花。全球超加工食品的人均销量在不断上升,在澳大拉西亚①、北美和西欧的人均销量最高。在中等收入国家,超加工食品的销量增长一直处于(并预计将保持)相当高的水平,其绝对销量正在接近高收入经济体的水平。

虽然加工食品可以带来安全、经济实惠且有营养的饮食方式,但经常或过量食用热量高、营养含量低且高糖、高盐、高油、高脂肪的超加工食品,会提高肥胖、癌症和其他非传染性疾病的发病率。教育是指导学生学习营养健康知识和促进营养公平的关键。

---

① "澳大拉西亚"的英文为 Australasia,一般指大洋洲的一个地区,包括澳大利亚、新西兰和邻近的太平洋岛屿。——译者注

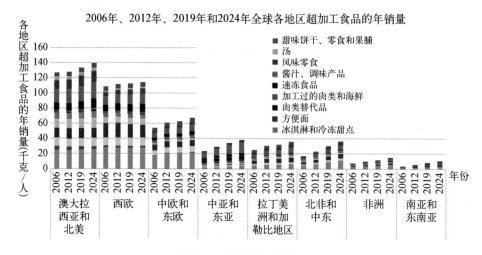

图 5.6　你想加点盐吗?

注: 2024 年的数据为预测数据。

来源: Baker, P. et al. (2020), "Ultra-processed Foods and the Nutrition Transition: Global, Regional and National Trends, Food Systems Transformations and Political Economy Drivers", *Obesity Reviews*, Vol. 21/12, e13126, https://doi.org/10.1111/obr.13126.

StatLink 🖿🖾🖿 https://stat.link/iygwp9

对教育的启示

- 在培养学生的饮食习惯,帮助他们理解可持续问题等方面,"周一不吃肉"等学校倡议效果如何? 在你们的系统中,教育机构能否采取更多措施来解决食物浪费问题?

- 垃圾食品的广告常常以五花八门的方式瞄准目标受众。弱势群体学生和家庭很少有机会了解健康选择,也很少有做健康选择的意识。教育如何能让所有人,特别是弱势群体学生家庭,在充分了解食品的情况下做出健康的饮食选择? 教育如何帮助学习者认识食物和情绪健康之间的关系?

● 在某一环境或情境中,教师总是会问"我们能从中学到什么?"学校食

堂能否成为一个学习烹饪和健康饮食等生活技能的场所? 学生是否

应该通过准备食物为学校社区提供服务?

我们的身体

笛卡尔(René Descartes)说:"我思故我在。"但是,如果没有身体,我们会

在哪里呢? 从更有效的癌症治疗到完整的人类基因组测序,医学正在帮助我

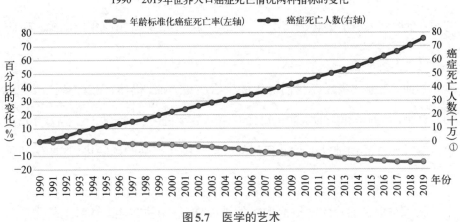

图5.7　医学的艺术

来源: IHME (2019), *Global Burden of Disease*, GBD Results tool, http://ghdx.healthdata.
org/gbd-results-tool (accessed 12 July 2021).

StatLink 🖳ᴵˢᴸ https://stat.link/3gl4hu

---

① 图5.7用两个指标说明1990—2019年世界人口癌症死亡情况,分别是年龄标准化癌症死亡率和癌症死
亡人数。两个指标单位不一样,但英文版中的原图只画了一个纵坐标(左轴),无法同时反映两个指标
的情况。本书在图右边加上了一个纵坐标(右轴),代表"癌症死亡人数",两个指标对应的图注"年龄
标准化癌症死亡率"和"癌症死亡人数"相应改为"年龄标准化癌症死亡率(左轴)"和"癌症死亡人数
(右轴)"。但原数据没有写出死亡人数的单位。根据权威期刊*JAMA Oncology*和美国癌症学会官方期
刊公布的历年癌症死亡人数,确定右轴的单位为"十万"。——译者注

们活得更长久、更健康。但这仅仅是开始：先进的人机界面、植入物、药物和基因工程都越来越能增强我们的身体、认知和情感。越来越多的生物技术公司甚至在尝试治愈衰老，进一步突破了寻找青春之泉——一种难以研制的长生不老药——的界限。然而，在带来巨大可能性的同时，人类的进步也引发了重大的伦理挑战和对生而为人的意义的思考。教育是帮助我们思考这些伦理挑战，考虑个人福祉和集体福祉的关键。

20世纪，全球平均预期寿命显著提高，尽管近年来许多国家的增速有所放缓。重要的是，预期寿命的提高主要得益于健康状况的改善。随着人口的增长和老龄化，因为癌症等主要死亡原因而去世的人数的原始数值也在增加。但是，降低癌症死亡总体概率的关键在于改善治疗，提高对癌症的认识和预防意识：在控制人口老龄化的情况下，死亡率在1990年到2019年期间确实下降了超过15%。

然而，在进一步提高我们晚年的生活质量方面，仍然存在许多挑战。例如，尽管在与痴呆相关的疾病上已经花费了数十亿美元，医学仍在努力寻找治愈这些疾病和其他神经退行性疾病的方法。随着社会的老龄化，这些疾病预计将变得越来越普遍。

除了医学在治疗疾病方面取得的进展外，在过去20年，针对老龄化本身的研究的发展势头也颇佳。抗衰老科学的投资不断增长，市场不断扩大，老龄化生物技术公司的数量从1999年的仅有2家增至2020年的161家。

这些公司的目标是通过干预推动衰老这一过程的生物变化来阻止衰老——如果成功的话，一些未来学家可能就会声称人类最终可以永生。无论是通过长生不老药还是其他人类增强技术，突破人类生物界限都可能从根本上重新定义健康与疾病、治疗与增强、正常与异常等术语。

我们能战胜衰老吗？或者说，衰老是人类基因所固有的吗？人们是否可以选择改变自己及其孩子，虽然到目前为止，这种改变只存在于超级英雄漫画中？这对教育和终身学习意味着什么？

1999—2020年老龄化生物技术公司的累计数量

图5.8　永远年轻：增强的人类

注：图中数据只涉及以下公司：那些明确自称专注于老龄化的公司，或其核心平台或技术似乎有能力治疗（用于治疗）和/或测量（用于诊断）老龄化的某一方面的公司。缓解老龄化的公司不包括在内。

来源：AgingBiotech (2021), *Aging companies dataset*, https://agingbiotech.info/companies/ (accessed 6 September 2021).

StatLink 📊 https://stat.link/u53lzi

对教育的启示

- 不断发展的技术为满足有特殊教育需求的学生提供了强有力的方法。教育系统和开发商之间的哪种合作关系可以加速并确保所有有这种需求的学生都能获益？

- 我们能不能在一个人类增强技术普遍存在的时代确保公平？例如，如果一些学生通过技术或智能药物获得了竞争优势，其他学生却没有，我们应该怎么做?

- 久坐不动的生活方式愈发常见。这种生活方式导致肥胖症、精神疾病和慢性病发病率的上升。通过观察技术使用和游戏化的趋势,你能想象学校借助智能手机应用程序和游戏将体育锻炼纳入家庭作业吗?

没有人生活在网络空间

随着生活变得日益虚拟化,我们沟通和互动的方式也在改变。每天我们发送数十亿的表情符号,以表达爱、感谢、祝贺和几乎无限的情感或想法。在过去十年,脸书、谷歌和微软等科技巨头在增强现实和虚拟现实(AR/VR)

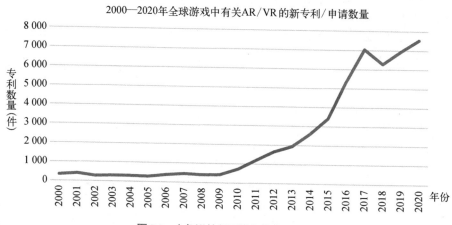

图5.9 (虚拟的)狂野事物在哪里?

注:2019—2020年的数据为预测数据。

来源:MaxVal Group, Inc.(19 August 2020), "Tracking Influential Augmented and Virtual Reality Patents in Gaming", www.maxval.com/blog/tracking-influential-augmented-and-virtual-reality-patents-in-gaming/(accessed 13 September 2021).

StatLink 📊 https://stat.link/uve6ki

技术方面投资了数十亿美元。沉浸式技术将数字世界带入实体世界，并可以改变一切，包括我们的社交方式，我们如何选择衣服、家具甚至房子等各个方面。但是，哪怕更多的活动可以在网上进行，也没有人真正生活在网络空间。人类是天生的社会动物，需要现实生活中的接触。随着现实和虚拟之间的界限变得模糊不清，教育如何帮助人们在一个日益混合的世界中茁壮成长？

增强现实和虚拟现实正在改变我们体验世界的方式，改变我们的所见、所听和所感。游戏在这项技术的使用上发挥着重要作用，2010—2020年，全球增强现实和虚拟现实相关的新专利数量呈爆炸式增长。

增强现实技术可以通过在真实环境中叠加虚拟图像，使游戏体验更加刺激——尼安蒂克（Niantic）公司的《精灵宝可梦GO》（*Pokémon GO*）就是一个很好的例子。现在，增强现实技术被整合到数以千计的智能手机应用程序中，使消费者能够在购买前看到一切事物，包括家具在房间的摆放效果和化妆品的使用效果。目前在图片分享社交软件色拉布（Snapchat）或照片墙（Instagram）运用滤镜时，有数百万人使用增强现实技术。

相比之下，虚拟现实技术创造了一个全新的人工环境，让人们"居住"其中。很快，脸书、奥克拉斯（Oculus）等虚拟现实工具甚至可能让人们在虚拟办公室里参加会议。然而，即使在增强现实或虚拟现实中，社会互动仍然是基本的。人们正在努力在这项技术中加入更多的社会元素——因为尤其是虚拟现实技术依然极其孤立。

2015年，历史上第一次，一个非字词赢得了"年度最佳词汇"的称号。它就是表情符号 😂，《牛津词典》认为它最能反映那一年的精神、情绪和关注点。

这体现了表情符号如何日益成为我们社会互动的一部分。它们的数量正在增加,2021年有3 616个表情符号被正式认可,比2010年增加了200%以上。它们也变得更加包容,涵盖不同的肤色、不同的家庭结构和性别认同。

随着我们的日常交流越来越多地在数字环境中进行,表情符号有助于将我们的身体特征——从身体语言到情绪——转化到虚拟世界。然而,尽管它们可以帮助人类建立联系,但我们都得承认,表示拥抱的表情符号与真实的拥抱是不一样的。实体学习环境和面对面的互动,对于帮助所有年龄段的学生学习如何学习、玩耍和合作仍然至关重要。

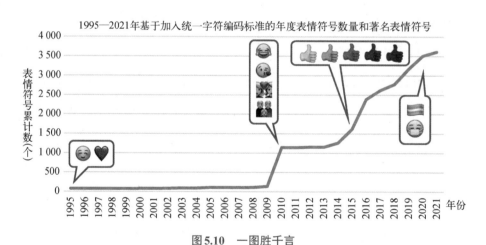

图5.10 一图胜千言

注: 该计数不包括独立的表情符号组件,例如肤色修改器。2010年之前的所有表情符号都是原形符号(之后才被视为表情符号)。

来源: OECD统计数据源自Buchholz, K. (2021), "In 2023, Global Emoji Count Could Grow to 3,491", https://www.statista.com/chart/17275; Unicode Consortium (2019), Emoji Versions, V12.0, http://www.unicode.org/emoji/charts-12.0/emoji-versions.html; Unicode Consortium (2021), Emoji Versions, V15.1, https://unicode.org/emoji/charts/emoji-versions.html.

StatLink ▓▓▒▙ https://stat.link/x5k7hs

对教育的启示

- 融合了虚拟和实体活动的混合式学习可能会成为常态。这可能会产生什么样的影响，例如，在多样性和个性化学习方面？如何利用它来提高教育质量和公平？需要什么样的基础设施和支持措施？

- 学习是一个社会过程。当学习因为新冠疫情而突然转变为远程学习时，许多大学生强调互动和社会经验的重要性。回到基本的问题：对于学习，什么是最佳的？其中是否包括远程学习？答案是否会因教育水平的不同而不同？

- 教育科技和数字教育材料与软件是一个越来越重要的市场。谁应该负责确定这些产品的内容并监督其质量？在全球化的数字化世界中，问责制是什么样的？

不断变化的自然和教育的未来会如何？

趋势能让我们思考当前模式对未来可能意味着什么。但是，我们又该如何看待未来15—20年可能出现的新模式、新冲击和新惊喜呢？

■ 图景1　　■ 图景2　　■ 图景3　　■ 图景4

伊莱达 (Ilayda) 躲避着刺眼的阳光，出发去往教育中心，她在那里协调城市西角的学习活动。高温和干旱预计将持续到秋天，所有的户外活动都被取消了。她皱着眉头说："我们不得不再次推迟学习日程。"伊莱达记得，当学年持续九个月时，即使在一天中最热的时候也要上课。她已设法将她与学生的一对一课程重新安排到一栋新楼。自2034年起，空调就被全面禁止了，而这栋楼尽管没有空调，但仍能保持凉爽。

在其他方面，伊莱达继续优先考虑与社区专家和专业人士建立伙伴关系，这使她能够将自己的角色更多地转向协调工作，而不是直接参与教学。正如她常常说的："世界在变化，学校需要跟上！"

"感觉就像我在和一个超级英雄竞赛，"马克 (Marc) 向他的人工智能助手抱怨。昨天，他参加了"健身"模块的虚拟现实竞赛，得了第二名，远远落后于迪维亚 (Divya)。迪维亚在比赛中使用了促红细胞 (EPO) 生成的信使糖核酸 (mRNA) 分子进行增强，这种分子能够增加肌肉含氧量。当受到质疑时，虚拟现实伦理裁判员裁定这类增强符合社区准则，并维持原判。"虚拟现实社区应该增加一个选项，让你知道竞争对手是否会被增强以及如何被增强。"马克沮丧地说道。"虽然这样做仍然会有一些问题，比如，如何追踪看不见的产前基因强化，但这是一个开始。"人类增强标准认可全球峰会 (the Global Summit on the Recognition of Human Augmentation Standards) 将于下个月在北京举行，每个人都希望它最终能使之在一定程度上标准化。

本节以"OECD关于学校教育未来的图景"为基础，鼓励读者思考发展如何与教育联系起来，并以多种方式演变。以上两个小插曲说明可能会发生的故事，读者也可以根据需要改编或创作新的故事。下面列出了一些关于教育的关键问题，以及一系列可能以意想不到的方式影响教育和学习的潜在冲击和意外。关于每个图景的描述，见本书第11—12页。

2040年，情况会截然不同

学历、社会化、看护和资格认证可能会随未来趋势的不同而有所不同。

到2040年，以下事物的变化可能会如何影响教育的目标和功能？

- 城镇化和环境；
- 生理和心理健康；
- 新型的社会交往和人类交往。

对教育的期望是什么？

不断变化的价值观、科学和技术塑造了学习。

在2040年……

- 虚拟现实技术是否改变了包含学习在内的人类交往活动和社会空间？
- 科学技术和人文艺术的划分还存在吗？
- 学生能抽出更多时间来感受自然吗？

如何处理空间、内容、时间与各种关系？

谁来实施教育？在什么条件下实施教育？

到2040年……

- 教学活动和资料的多样性是否会增加？
- 教学是基于专业标准还是更加开放？
- 幼儿园、中小学和大学等教育机构是否仍以实体形式存在？

谁对什么负责？对谁负责？

利益相关者对教育的看法不同，对决策的影响力也不同。在2040年……

- 政府、市场和公民社会的作用是什么？
- 决策是否透明？它是否具有包容性？
- 地缘政治环境以何种方式影响教育和学习的供给？

冲击和意外

即使我们拟定了最完美的计划，未来也总会出乎我们的意料。如果这些冲击成为现实，对教育和学习意味着什么？你能看到其他潜在干扰出现的迹象吗？

增强型人类

药理学和人机界面使我们能够提高认知功能，并随意改变情绪状态，包括我们对道德上可接受的感觉(道德生物强化法)。

星球B、C、D

巨大的科技进步使得人类能够在月球和火星上居住，甚至把开路先锋送上金星。

超级百岁老人

抗衰老技术的突破将人均预期寿命提高至110岁。

气候难民

全球接近一半的人已经成为气候难民，受国际法保护。

了 解 更 多

相关文献

- AgingBiotech (2021), *Aging companies dataset*, https://agingbiotech.info/companies/ (accessed 6 September 2021).

- Baker, P. et al. (2020), "Ultra-processed Foods and the Nutrition Transition: Global, Regional and National Trends, Food Systems Transformations and Political Economy Drivers", *Obesity Reviews*, Vol. 21/12, e13126, https://doi.org/10.1111/obr.13126.

- Buchholz, K. (2021), "In 2023, Global Emoji Count Could Grow to 3,491", https://www.statista.com/chart/17275.

- Global Footprint Network (2021), *National Footprint and Biocapacity Accounts*, 2021 edition, https://data.footprintnetwork.org.

- IEA (2021), *Global Energy Review 2021*, IEA, Paris, https://www.iea.org/reports/global-energy-review-2021.

- IEA (2020), *Global Energy Review 2020*, IEA, Paris, https://www.iea.org/reports/global-energy-review-2020.

- IHME (2019), *Global Burden of Disease*, GBD Results tool, http://ghdx.healthdata.org/gbd-results-tool (accessed 12 July 2021).

- Lin, D., L. Wambersie and M. Wackernagel (2021), "Estimating the Date of Earth Overshoot Day 2021", *Global Footprint Network*, https://www.overshootday.org/content/uploads/2021/06/Earth-Overshoot–Day-2021-Nowcast-Report.pdf.

- MaxVal Group, Inc. (19 August 2020), "Tracking Influential Augmented and Virtual Reality Patents in Gaming", www.maxval.com/blog/tracking-influential-augmented-and-virtual-reality-patents-in-gaming/ (accessed 13 September 2021).

- Moodie, R. et al. (2021), "Ultra-processed Profits: The Political Economy of Countering the Global Spread of Ultra-processed Foods – A Synthesis Review on the Market and Political Practices of Transnational Food Corporations and Strategic Public Health Responses", *International Journal of Health Policy and Management*, https://doi.org/10.34172/IJHPM.2021.45.

- OECD (2021), *Making Better Policies for Food Systems*, OECD Publishing, Paris, https://doi.org/10.1787/ddfba4de-en.
- OECD (2021), *Protected areas* (dataset), https://stats.oecd.org/ (accessed 14 July 2021).
- OECD/European Commission (2020), *Cities in the World: A New Perspective on Urbanisation*, OECD Urban Studies, OECD Publishing, Paris, https://doi.org/10.1787/d0efcbda-en.
- OECD (2020), "Biodiversity and the Economic Response to COVID-19: Ensuring a Green and Resilient Recovery", *OECD Policy Responses to Coronavirus* (COVID-19), https://www.oecd.org/coronavirus/.
- OECD (2019), *Health at a Glance 2019: OECD Indicators*, OECD Publishing, Paris, https://doi.org/10.1787/4dd50c09-en.
- OECD (2019), *OECD Regional Outlook 2019: Leveraging Megatrends for Cities and Rural Areas*, OECD Publishing, Paris, https://doi.org/10.1787/9789264312838-en.
- Unicode Consortium (2019), Emoji Versions, V12.0, http://www.unicode.org/emoji/charts-12.0/emoji-versions.html.
- Unicode Consortium (2021), Emoji Versions, V15.1, https://unicode.org/emoji/charts/emoji-versions.html.
- WWF (2020), *Living Planet Report 2020 – Bending the Curve of Biodiversity Loss*, WWF, Gland, Switzerland, https://livingplanet.panda.org/en-us/.

术语表

　　年龄标准化癌症死亡率（age-standardised cancer death rate）：每10万人中特定年龄癌症死亡率的加权平均数，其中加权数是世界卫生组织标准人口中相应年龄组的人口比例。如果人口具有标准年龄结构，那它就是对人口死亡率的概括性衡量。

　　农业生态学（agroecology）：一种整体和综合的方法，同时将生态原则和社会原则应用于可持续农业和食品系统的设计和管理。它试图优化植物、动物、人类和环境之间的互动，同时也使得人们能够选择他们要吃的食物以及这些食物的生产方式和地点。

　　增强现实和虚拟现实（augmented and virtual reality, AR/VR）：增强现实是一种真实世界环境的互动体验，在这种体验中，居住于真实世界中的物体通过计算机生成的感知信息得到增强。虚拟现实是一种模拟体验，可与现实世界相似或完全不同。

生物多样性（biodiversity）：全球范围内物种和生态系统的多样性以及它们所处的生态过程，包括三部分：遗传多样性、物种多样性和生态系统多样性。

碳足迹（carbon footprint）：与化石燃料使用相关的二氧化碳排放量的测量。在生态足迹账户中，这些数量被转换为吸收二氧化碳所需的生物生产区域。因为它是对生物生产空间的竞争性使用，所以是生态足迹的一部分：人们认为大气中二氧化碳浓度的增加是日益增长的生态债务的标志。

保护性农业（conservation agriculture）：一种促进最低限度的土壤干扰（即不耕作）、维持永久性土壤覆盖和植物物种多样性的耕作制度。它还可以促进地表上下的生物多样性和自然生物进程。

《生物多样性公约》的"爱知目标"（Convention on Biological Diversity "Aichi Target"）：《生物多样性公约》是一项国际公约，旨在保护生物多样性，可持续利用其组成部分以及公平公正地分享资源利益，于1992年在里约热内卢举行的地球峰会上开放签署。该公约中的目标11指出，到2020年，至少17%的陆地和内陆水域以及10%的沿海和海洋地区将得到保护。

地球的生物承载力（Earth's biocapacity）：在现有的管理计划和开采技术下，地球生产人类使用的生物资源和吸收人类产生的废物的能力。

生态足迹（ecological footprint）：通过使用流行的技术和资源管理实践，衡量个人、群体或活动需要多大面积的生物生产用地和水域来生产它消耗的所有资源并吸收其产生的废物。

与能源相关的二氧化碳排放量（energy-related CO_2 emissions）：与化石燃料（液体燃料、天然气和煤炭）燃烧以及石油原料有关的排放量。

表情符号（emojis）：通常指以彩色形式呈现的数字象形文字（图形符号），代表诸如人脸、天气、车辆和建筑物、食物和饮料、动物和植物、情绪、感觉或活动等事物或图标。

全球公顷（global hectares，gha）：与当年世界平均生物生产力相等的生物可生产公顷。它使研究人员既能报告地球或某地区的生物承载力，又能报告对生物承载力的需求（生态足迹）。

人机界面（human-machine interfaces）：连接人与机器、系统或设备的用户界面或仪表板。目前常见的例子包括触摸屏和键盘。

预期寿命（life expectancy）：在现有死亡率不变的情况下，衡量特定年龄的人预计平均可以活多久。

营养公平（nutrition equity）：根据这一原则，无论种族、性别、民族或地域，每个人都应该有同样的机会获得健康、有营养、负担得起和文化上适合的充足饮食。

口袋公园（pocket parks）：小型城市开放空间，占地面积通常不超过1 000平方米，能够为周围的社区成员提供一个安全的、吸引人的环境。它包括多个功能区，如小型活动空间、儿童游乐区和用来休息或者招待朋友的区域。被称为小公园、迷你公园或袖珍公园。

精准农业（precision agriculture）：一种先进技术，为农民提供关于其田地关键数据的近乎实时的分析。这项技术使用大数据分析，通过优化使用农业相关资源来提高生产力，包括节省种子、肥料、灌溉甚至农民的时间，为实现农场全面自动化铺平道路。

保护区（protected areas）：一个界定清晰的地理空间，通过法律或其他有效手段被确认、专用和管理，旨在实现对自然的相关生态系统服务和文化价值的长期保护。

人类基因组测序（sequencing the human genome）：人类基因组是包含帮助一个细胞发展成人类的所有指令的操作手册。它会指导人类的成长，帮助器官完成工作，并在受损时自我修复。作为脱氧核糖核酸（DNA）长聚合物的集合，人类基因组是一种巨大的分子，看起来像长而扭曲的阶梯。人类基因组测序意味着确定构成DNA分子的四个化学成分（碱基）的顺序。

第六次物种大灭绝事件（sixth mass extinction event）：由于人类活动，在目前的"全新世"时代（更近时期有时被称为"人类世"）正在发生的物种灭绝事件。也被称为"全新世"灭绝。

智能耕种（smart farming）：应用信息和数据技术来优化复杂的耕种系统。重点是获取数据，以及农民如何智能地使用收集到的信息，其目的是以较少的投资在相同数量的土地上生产出更多更好的食物。

超加工食品（ultra-processed food）：含有添加剂和工业加工成分，经过技术上的分解和改造的产品，包括加糖饮料、糖果、咸味零食、精制烘焙食品、加糖酸奶、饼干以及各种各样的快餐和即食产品。

城市养蜂（urban beekeeping）：在城市地区饲养蜂群的做法。

译　后　记

新冠疫情在2019年底悄然而至，并很快席卷全球，给各国的发展和教育以及人民的生活带来了深远影响。它提醒我们，未来可以出乎我们的意料，也将出乎我们的意料！它还提醒我们，为教育可预见和不可预见的未来做准备不再是锦上添花，它敦促我们立即采取行动，对教育系统的未来进行展望规划，对潜在的冲击进行压力测试。

为了回应这一时代和现实的需求，2022年，经济合作与发展组织（OECD）推出"趋势塑造教育"（*Trends Shaping Education*）系列的第六版，旨在促进教育的长期战略思考。相比前五版，本版不但紧扣时代脉搏，每章均以新冠疫情给各领域带来的冲击和混乱开篇，而且新增"知识与权力""身份与归属"和"不断变化的自然"等热门议题，以回应时代新关切。全书一共五章，既高屋建瓴地帮助读者厘清与教育密切相关的经济、技术、权力和身份等25个领域的相关数据或趋势，又通过小型图景练习，分星擘两地将其与每章的主题、每个读者相关联，通过作用于具体用户的特定场景彰显其实用价值。其中关于"生活的量化""我们的身体""再无第二个地球"的论述，或一针见血，或让人茅塞顿开，或振聋发聩，为人们勾勒教育未来的长期战略图景提供了重要启示和灵感。

笔者很荣幸有机会翻译OECD探索未来教育的又一扛鼎力作。本书是OECD整合各部门力量,集结各学科专家真知灼见的佳作,涵盖经济、社会、人口和技术等的趋势和数据,应属于信息型文本。因此,在英汉语言转换过程中,原文信息传递的第一要务,应是尽量准确流畅地再现源文本信息。团队秉持忠实性和可读性的原则处理书中术语和其他相关图文信息,以期能促进中外学界关于教育战略的思考和交流,助力政策制定者、研究人员、教育领导者、行政人员、教师、学生和家长思考教育未来的发展趋势,探索这些趋势在未来可能发展的方式。

在具体操作过程中,首先,在整体语篇上,本书属于权威机构发布的教育类报告,因为频繁使用从句、插入语、非谓语等结构或手法,句子偏长,信息量大。对此,笔者在尽量准确传递原文蕴含信息的前提下,较为灵活地借助调整语序、添加代词、重复或同义替换动词等方法,对长句进行合理断句,以做到表述通顺、流畅、易懂。例如,在前言部分第三段中,当谈及本书的重要性时,作者借助定语从句、冒号、分号等,用多达43个单词接近三行的篇幅,阐释教育领域政策制定者和从业者目前的困境,点明本书在打破这一困境方面的重要意义。在翻译过程中,考虑到行文的连贯和衔接及其逻辑关系,团队调整了语序,将教育领域政策制定者和从业者的困境前置,再阐释本书对解决困境的意义。其次,考虑到本书涉及众多与教育相关的趋势和数据,因此在每章末尾均附有相关术语的汉译名、英文原文和相关解释,方便读者理解和进一步查阅。最后,对于原作在行文措辞上的巧思,团队通过仿拟和加注的方式尽量予以保留。例如,原书图2.6的标题为Love at First Swipe,描述的是国外交友软件汀德(Tinder)的用户操作特点:通过滑动手机屏幕来选择自己是否喜欢其他用户发布的信息，以进行交友匹配。在翻译过程中，为尽量传递原文的修辞效果，团队结合汀德软件的操作特点，通过仿拟love at first sight这一短语的译法（"一见钟情"），将这一标题译为：一"滑"钟情。又如，原书图5.2的标题为CO_2de Red，是借助英文造词法将CO_2（二氧化碳）和Code Red（红色警戒、紧急情况）两个词进行合并所得。囿于英汉两种语言巨大的差异和翻译能力，团队选择明示其蕴含的意义，将其译为"二氧化碳排放量红色警报"，并加注说明，以传递作者对这一措辞的精巧构思。

本译著能顺利出版，首先十分感谢袁振国教授百忙之中拨冗撰写中文版序言，并为书名的翻译提供指导和咨询；同时，非常感谢华东理工大学韦晓保教授和上海交通大学陈芳副教授为书中的教育学、统计学相关内容和术语翻译提供指导和建议；其次，感谢廖承琳编辑认真校对译稿中的术语和措辞规范，以高度的责任心和耐心对译文和相关图表信息进行润色和查漏补缺；最后，感谢徐烨、陈欣羽、龚雨、邝皓月四位同学积极参与本书相关资料的查阅、术语的翻译和格式的统一，全力协助本书的翻译和译文修改工作。

为尽早将OECD最新研究成果付梓出版，以飨读者，本团队全力以赴查阅相关资料，积极请教相关领域专家。但因能力有限，书中恐仍有理解或表述欠准确之处，恳请各位专家和读者批评指正！

华东理工大学外国语学院　博士

杜海紫

2024年2月

图书在版编目（CIP）数据

趋势塑造教育 / 经济合作与发展组织编；杜海紫译.
— 上海：上海教育出版社, 2024.3
（OECD教育研究与创新系列）
ISBN 978-7-5720-2543-3

Ⅰ.①趋… Ⅱ.①法… ②杜… Ⅲ.①学校教育－研
究 Ⅳ.①G4

中国国家版本馆CIP数据核字(2024)第053607号

原书由OECD以英文出版，标题为：Trends Shaping Education 2022 © OECD 2022，
https://doi.org/10.1787/6ae8771a-en。

本译著中文版已取得OECD授权。本书非OECD官方译本，翻译质量及其与原著的
一致性均由译者负责。若出现翻译与原文（英文）不符的情况，请以原文为准。

简体中文版由上海教育出版社出版。版权所有，违者必究。

上海市版权局著作权合同登记号　图字09－2024－0071号

责任编辑　廖承琳
封面设计　郑　艺

OECD教育研究与创新系列
趋势塑造教育
经济合作与发展组织　编
杜海紫　译　窦卫霖　审校

出版发行　上海教育出版社有限公司
官　　网　www.seph.com.cn
地　　址　上海市闵行区号景路159弄C座
邮　　编　201101
印　　刷　上海展强印刷有限公司
开　　本　700×1000　1/16　印张 9.75
字　　数　120 千字
版　　次　2024年5月第1版
印　　次　2024年5月第1次印刷
书　　号　ISBN 978-7-5720-2543-3/G·2238
定　　价　69.80 元

如发现质量问题，读者可向本社调换　电话：021-64373213